C'EST PARTI!

5 PROGRAMMES
DE REMISE EN FORME

C'est
parti!
5 programmes
de remise en forme

QUÉBEC
LOISIRS

ÉDITION DU CLUB QUÉBEC LOISIRS INC.
© Avec l'autorisation des Éditions du Trécarré, 2002

Imprimé au Canada

Dépôt légal - Bibliothèque nationale du Québec, 2002
ISBN 2-89430-564-8
(publié précédemment sous ISBN 2-89568-153-8)

Table des matières

Préface

Ayant consulté ce livre, je peux me permettre de vous affirmer qu'il contient des éléments de connaissance qui vous mettront sur de bonnes pistes dans une démarche personnelle de l'amélioration de votre condition physique. Vous devrez toutefois tenir compte devos différences individuelles avant d'entreprendre un programme de conditionnement physique. Pour vous y aider, je vous suggère de rencontrer un spécialiste de l'activité physique. C'est une question de sécurité. N'oubliez pas, finalement, qu'une bonne condition physique est l'«état de grâce» de votre santé !

Amusez-vous !

MARCEL BOUCHARD

Professeur d'éducation physique au CEGEP de Sainte-Foy
Chroniqueur à l'émission Salut, Bonjour! Week-end

Introduction

« **Ê**tre en forme», qu'est-ce que cela veut dire? La réponse n'est pas si facile à fournir. Les gens se sentent habituellement en forme quand ils ne sont pas malades. Pourtant, les personnes qui se trouvent essoufflées après avoir monté un escalier ne peuvent prétendre être en «bonne» forme. Être en forme consiste, pour le corps, à bien fonctionner sans montrer de faiblesses. Celui ou celle qui vit des tensions importantes au bureau ne dira pas non plus que «ça va bien». Être en forme signifie, pour l'esprit, posséder toutes ses capacités intellectuelles, mais aussi jouir de la vie. En tout état de cause, «être en forme» renvoie à une certaine notion de plénitude physique, psychologique et sociale. Le présent livre souhaite vous aider à trouver le chemin de cette plénitude.

Être en forme, c'est important. On sait qu'une bonne santé prolonge l'espérance de vie. Une bonne forme améliore en outre la qualité de cette vie. Les cinq programmes de **C'EST PARTI!** s'adressent au plus grand nombre de gens possible tout en tenant compte des besoins propres à chacun. Nous avons élaboré des programmes de remise en forme «sur mesure», en visant des profils particuliers, afin que les personnes concernées puissent prendre les moyens appropriés à leur condition.

Aussi les cinq programmes du présent ouvrage ont-ils été conçus pour les personnes répondant à l'un ou plusieurs des profils suivants :

* «**Le stress**» s'adresse aux personnes qui souffrent de tensions importantes; il vous explique comment vous remettre en forme et chasser le stress.

* «**Prendre de l'âge**» décrit les moyens qui vous permettent de rester jeune le plus longtemps possible, tout en retrouvant et en conservant une forme excellente.

* «**L'excès de poids**» tente de vous aider à faire le point sur cette question et montre que l'exercice et de bonnes habitudes alimentaires sont la condition essentielle pour demeurer dynamique et perdre quelques kilos.

★ «**Attendre un enfant**» explique les modifications que subit votre corps pendant la grossesse et ce qu'il faut faire pour bien la vivre. Une maman en bonne forme accouchera généralement d'un enfant en bonne santé, qui fera un bon départ dans la vie.

★ «**Manquer de temps**» vous propose des solutions concrètes pour retrouver et garder la forme, sans pour autant chambouler votre horaire.

Certaines personnes se reconnaîtront dans plus d'un profil et consulteront les différents chapitres du livre pour obtenir une information complète. Des annexes, qui concernent tous les profils, vous expliqueront les bienfaits et les préceptes de l'alimentation de type méditerranéen, et vous rappelleront les grandes lignes du *Guide alimentaire canadien* et du *Guide d'activité physique canadien*.

Pour chaque profil, on traite des conditions essentielles à une bonne santé : l'activité physique, l'alimentation et la relaxation. De plus, ces informations sont complétées par des conseils généraux visant l'amélioration générale de vos habitudes de vie.

C'EST PARTI! est un guide de consultation simple et agréable. Les programmes se veulent stimulants, puisque la motivation est la clé d'un processus de remise en forme efficace. Les prescriptions décourageantes ou trop exigeantes ont été laissées de côté; nous avons toujours préconisé une juste mesure, puisqu'un programme trop facile s'avérera souvent peu efficace, tandis qu'un programme trop exigeant peut devenir impossible à suivre avec rigueur. Ainsi, chaque programme est conçu pour que l'on puisse le suivre intégralement et en tirer les pleins bénéfices.

Questionnaire sur l'aptitude à l'activité physique

 Pour la plupart des gens, l'activité physique peut s'avérer avantageuse et ne présente pas de risques de santé majeurs. Certaines personnes devraient toutefois consulter leur médecin avant d'entreprendre un programme soutenu d'activités physiques. Pour savoir si c'est votre cas, veuillez répondre consciencieusement aux 8 questions qui se trouvent ci-dessous.

Le Q-AAP aide les personnes de 15 à 69 ans à déterminer si elles doivent consulter un médecin avant d'entreprendre un programme d'activité physique. Quant aux personnes de plus de 69 ans, si elles ne sont pas habituées à faire de l'exercice de façon régulière, elles doivent impérativement consulter leur médecin avant de commencer. Il est également recommandé aux femmes qui sont enceintes ou qui pensent l'être de consulter leur médecin avant de commencer ou d'augmenter leur niveau d'activité physique.

❶ Votre médecin vous a-t-il déjà dit que vous souffriez d'un problème cardiaque et que vous ne devriez participer qu'aux activités physiques prescrites et approuvées par un médecin?   **Oui   Non**

❷ Ressentez-vous une douleur à la poitrine lorsque vous faites de l'activité physique?   **Oui   Non**

❸ Au cours du dernier mois, avez-vous ressenti des douleurs à la poitrine lors des périodes autres que celles où vous participiez à une activité physique?   **Oui   Non**

❹ Éprouvez-vous des problèmes d'équi- **Oui Non**
libre reliés à un étourdissement ou vous
arrive-t-il de perdre connaissance ou de
ressentir des faiblesses?

❺ Avez-vous des problèmes osseux ou **Oui Non**
articulatoires, comme l'arthrite, qui pourraient être aggravés par l'exercice?

❻ Des médicaments vous sont-ils actuelle- **Oui Non**
ment prescrits pour contrôler votre tension
artérielle ou un problème cardiaque (par
exemple, des diurétiques)?

❼ Connaissez-vous une autre raison pour **Oui Non**
laquelle vous ne devriez pas faire de l'activité physique?

❽ Avez-vous des maux de dos ? **Oui Non**

Si vous avez répondu **OUI** à au moins une de ces questions, consultez votre médecin avant de débuter ou
d'augmenter votre activité physique.

Si vous avez répondu **NON** à toutes ces questions, vous
pouvez dès maintenant commencer à faire de l'activité
physique ou en faire davantage sans danger pour votre
santé. Mais n'oubliez pas de procéder lentement et
d'augmenter progressivement votre rythme. Vous demeu-
rerez ainsi dans un contexte agréable et sécuritaire.

Si votre état de santé change et que vous devez répondre OUI à une des questions ci-dessus, demandez conseil à votre médecin ou à un professionnel de l'activité
physique au sujet du type d'activité la plus appropriée.

Site Internet :
http://www.hc-sc.gc.ca/hppb/guideap/parq.html

Le stress

L e stress a été baptisé au xxe siècle. Sans être un phénomène
strictement contemporain, il n'y
a pas si longtemps que les spécialistes
ont commencé à étudier son effet sur la
santé. Depuis, comme le faisait remar-
quer le Dr André Soubiran, le stress est
devenu un de ces mots « qui connaissent
soudain un extraordinaire succès ». Selon
lui, le stress est à la mode : tout le monde
parle de stress, tout le monde affirme
subir du stress. Il faut quand même chercher à comprendre ce qui se cache sous
le mot et qui menace notre équilibre physique et mental.

Le stress

Le Pr Hans Selye, qui a trouvé le mot en 1936, définit le stress comme la «réponse de l'organisme, non spécifique, aux agressions quelles qu'elles soient, agréables ou désagréables, obligeant celui-ci à s'adapter». C'est sous le terme de «syndrome général d'adaptation» que Selye a poursuivi son étude du stress. En tant qu'adaptation d'un individu aux événements de la vie, le stress ne conduit pas qu'à des conséquences négatives. Les processus physico-chimiques qu'il provoque peuvent également aider un individu à se surpasser et à connaître une réussite exceptionnelle.

Si les spécialistes ont désormais mis en lumière plusieurs désordres physiques causés par le stress, il reste à comprendre pourquoi un individu subit des effets négatifs à la suite d'un événement stressant, c'est-à-dire pourquoi il n'a pu s'adapter correctement. C'est sur le plan des réactions personnelles, dans la façon que chacun d'entre nous a d'envisager les événements, qu'il faut chercher la réponse à cette question. On ne commence à sentir une pression néfaste qu'à partir du moment où l'on ne peut plus lui faire face, quelles qu'en soient les raisons. La médecine moderne ne peut pas changer une personnalité d'un coup de baguette magique. Elle peut cependant mettre des outils à la disposition de ses patients, pour qu'ils puissent apprendre à gérer leur stress et à se libérer des tensions quotidiennes.

Votre programme
de remise en forme

Retrouver la forme et la conserver, quand on est stressé, demande une approche de la vie dans laquelle on apprend à connaître ses capacités et à accepter ses limites. Pour parvenir à évacuer le stress, on doit se garder du temps pour la détente, les loisirs et l'exercice. Il faut parfois appuyer sur les freins pour reprendre sa vie en main.

Ce chapitre vous permettra de reconnaître les problèmes de stress et vous donnera des conseils pratiques pour le surmonter. L'apprentissage de la détente et une attention particulière à l'alimentation sont des clés importantes dans un programme de remise en forme pour les personnes stressées. L'introspection et les pratiques qui la favorisent, comme la relaxation musculaire progressive ou le journal intime, ont une importance décisive pour arriver à se connaître, à comprendre ses réactions et à contrôler son stress. Les activités qui développent et renforcent l'estime de soi, comme les sports d'équipe et les échanges sociaux, sont autant d'atouts pour surmonter les situations stressantes. Il ne faut pas oublier, finalement, que l'activité physique est l'un des meilleurs remèdes au stress.

Pensez à mettre l'activité physique à votre agenda au même titre qu'un rendez-vous important. Àprès tout, vous avez rendez-vous avec votre santé!

Évaluez votre niveau de stress

Remplissez ce questionnaire pour connaître votre niveau de stress. Il peut aussi vous servir à déterminer si un membre de votre famille souffre de stress. Sur la grille, notez les symptômes ressentis ou les situations vécues au cours des derniers mois. Répondez à chacune des questions. Les chiffres de 0 à 3 déterminent l'intensité ou la fréquence de l'énoncé.

0	pas du tout ou jamais
1	un peu ou rarement
2	modérément ou assez souvent
3	beaucoup ou continuellement

Paramètres physiologiques

- *J'ai de la difficulté à dormir*   0 1 2 3
- *Je me sens fatigué*   0 1 2 3
- *J'ai les muscles du visage crispés*   0 1 2 3
- *Je ressens des tensions dans la nuque*   0 1 2 3
- *J'ai des maux de tête*   0 1 2 3
- *J'ai des maux de dos*   0 1 2 3
- *Je mange plus (ou moins) qu'à l'habitude* 0 1 2 3
- *Je digère mal*   0 1 2 3
- *J'ai des étourdissements ou des vertiges* 0 1 2 3
- *Je n'arrive pas à me détendre*   0 1 2 3

Paramètres psychologiques

- *J'éprouve de la difficulté à me concentrer* 0 1 2 3
- *Je suis irritable*   0 1 2 3
- *Je me sens frustré*   0 1 2 3
- *Je fais des drames pour un rien*   0 1 2 3

- *Je change d'humeur brusquement*   0 1 2 3
- *Je me sens inquiet*   0 1 2 3
- *Je panique*   0 1 2 3
- *J'ai perdu le sens de l'humour*   0 1 2 3
- *Je ne me sens pas à la hauteur*   0 1 2 3
- *J'éprouve de la difficulté à me mettre au travail*   0 1 2 3

Paramètres comportementaux

- *Je fais tout nerveusement (manger, marcher, travailler, etc.)*   0 1 2 3
- *Je regarde continuellement l'heure*   0 1 2 3
- *J'ai des tics*   0 1 2 3
- *J'échappe tout*   0 1 2 3
- *Je saute des repas*   0 1 2 3
- *Je bois davantage de café ou d'alcool*   0 1 2 3
- *Je fume plus de cigarettes*   0 1 2 3
- *Je prends des médicaments pour la nervosité*   0 1 2 3
- *Je prends de la drogue*   0 1 2 3
- *Je suis distrait quand les autres me parlent*   0 1 2 3

— Résultats —

Additionnez les points obtenus pour chacune des réponses.

DE 0 À 30 POINTS. De façon générale, vous parvenez à gérer votre stress. Mais attention, si vous avez obtenu vos points en notant 2 ou 3 à plus d'une dizaine de questions ou si vos points se retrouvent tous dans la même série de questions, il y a lieu de faire baisser la pression.

DE 31 À 60 POINTS. Votre niveau de tension est assez élevé. Nous vous recommandons de prendre des moyens pour le diminuer. Utilisez les trucs de ce livre, par exemple, ou parlez de ce qui vous préoccupe à votre médecin.

DE 61 À 90 POINTS. Vous vivez un stress important. Plus votre marque approche des 90 points, plus la situation est préoccupante. Il serait souhaitable que vous consultiez un professionnel de la santé et preniez des mesures pour revenir à un niveau de stress acceptable.

Qu'est-ce que le stress ?

Le terme «stress» désigne un processus d'adaptation à l'environnement. Il s'agit d'une réaction à un événement qui a des répercussions sur le corps, l'esprit et le comportement.

Les spécialistes distinguent deux formes de stress : le stress **POSITIF** qui libère l'énergie, nous pousse à agir et apporte souvent une satisfaction ; et le stress **NÉGATIF,** résultant d'une contrainte perçue comme menaçante et hors de contrôle, qui inhibe, nous étouffe et entraîne un sentiment de frustration.

Un mariage, une compétition sportive, une naissance, sont habituellement des sources de stress positif. Le stress positif procure une motivation et une énergie supplémentaire qui permettent à l'athlète, par exemple, de se surpasser au cours d'une épreuve sportive.

Une maladie ou une blessure graves, une mesure disciplinaire importante au travail, sont, quant à elles, considérées comme des causes de stress négatif, de détresse. Le stress négatif démobilise l'individu, lui rend certaines choses difficiles, voire impossibles à réaliser.

Les agents stresseurs, par contre, ne se laissent pas tous classer aussi facilement dans la première ou la seconde catégorie. Pourquoi ? Chacun de nous perçoit de manière différente les situations dans lesquelles il se trouve plongé. De plus, chacun de nous a des capacités d'adaptation différentes. C'est pourquoi la même situation peut s'avérer stressante pour un individu et ne pas l'être de la même manière pour un autre.

Un divorce, malgré toute la connotation négative de l'événement, peut marquer pour l'un des conjoints la fin d'une étape et un nouveau départ dans la vie. Les effets du divorce, pour ce conjoint, ne seront pas forcément négatifs. Ensuite, une personne qui se marie peut vivre la cérémonie, malgré tout, comme une véritable épreuve et éprouver des problèmes temporaires de santé. Les événements heureux peuvent d'ailleurs susciter des émotions si intenses qu'elles dépassent parfois les capacités d'adaptation d'un individu.

Le facteur critique du stress se trouve donc dans les pensées que suscitent en nous les différentes situations de la vie, du côté de la réponse faite à la demande d'adaptation. Lorsque quelque chose nous arrive, nous évaluons son importance, ou sa gravité, dans notre esprit. Nous décidons de la réponse que nous devons donner à cet événement et des aptitudes requises par notre réponse. S'il nous semble que les exigences de la situation dépassent nos capacités à y répondre, nous jugerons la situation «stressante». Si, au contraire, nous croyons être pleinement en mesure de répondre à la situation, nous ne la percevrons pas comme stressante.

Si certains événements de la vie provoquent un stress, c'est bien ce que nous pensons et éprouvons de ces événements qui déterminera s'ils représentent un problème ou pas. Notre façon de percevoir les événements et d'y réagir décide de leur effet sur notre santé mentale et physique.

«Le stress, c'est la vie», se plaisait à répéter Selye. L'organisme reçoit continuellement des stimulus, qu'il jugera agréables ou désagréables, selon certaines idées et habitudes développées, qui peuvent tout de même changer au cours d'une vie. Si les capacités d'adaptation varient d'un individu à l'autre, le propre de l'être humain est de se donner des méthodes et des outils pour faire son chemin dans la vie. En d'autres mots, vous pouvez surmonter le stress avec une stratégie appropriée.

Échelle de stress

 Deux psychiatres américains, les Drs Holmes et Rahe, ont tenté d'établir une relation précise entre les événements stressants de la vie et leurs conséquences pathologiques. Ils ont compilé les expériences vécues dans un passé récent par des habitants de Seattle et leur ont attribué un certain nombre de points. Holmes et Rahe ont donné au mariage la valeur arbitraire de 50. L'élément le plus dramatique, la mort du conjoint, s'est vu attribuer la valeur de 100. Les différents événements de la vie prennent place dans l'échelle de Holmes et Rahe selon qu'ils sont plus ou moins stressants que le mariage. Bien que leur théorie soit contestée, les spécialistes lui reconnaissent ce côté révélateur : lorsqu'un individu accumule plus de 300 points de stress dans une année, selon ce qui lui est arrivé au cours de cette même année, il éprouvera des problèmes de santé. Bien sûr, toutes ces données sont statistiques et ne s'appliquent pas à tous les individus. Vous pouvez, vous aussi, additionner vos points de stress pour l'année qui vient de passer et découvrir si vous devriez faire attention à votre santé.

Mort du conjoint	100	Réconciliation	45
Divorce	73	Retraite	45
Séparation	65	Blessure ou maladie d'un parent proche	44
Emprisonnement	63	Grossesse	40
Mort d'un parent proche	63	Problèmes sexuels	39
Maladie ou blessure personnelle	53	Arrivée d'un nouveau membre dans la famille	39
Mariage	50	Problèmes d'affaires	39
Congédiement	47		

Changement dans la situation financière	38	Modification d'habitudes personnelles	24
Mort d'un ami intime	37	Problèmes avec son patron	23
Changement d'emploi	36	Changement dans les heures ou les conditions de travail	20
Multiplication des disputes conjugales	35	Déménagement	20
Hypothèque ou dette dépassant 10 000 $	31	Changement d'école	20
		Changement de loisirs	19
Saisie d'une hypothèque ou échéance d'un emprunt	30	Changement religieux	19
		Changement d'activités sociales	18
Changement dans les responsabilités au travail	29	Hypothèque ou emprunt de moins de 10 000 $	17
Fille ou fils qui quitte la maison	29	Changement dans les habitudes de sommeil	16
Ennuis avec la belle-famille	29	Changement de rythme des réunions familiales	15
Exploit personnel marquant	28		
Épouse qui commence à travailler ou qui laisse son emploi	26	Changements dans les habitudes alimentaires	15
Début ou fin de scolarité	26	Vacances	13
		Noël	12
Changement des conditions de vie	25	Amendes ou contraventions	11

Le stress au quotidien

Outre les événements majeurs qui se produisent dans une vie, une foule de petites choses peuvent provoquer du stress au quotidien. Au travail, par exemple, le manque d'autonomie, le manque de participation aux décisions, la surcharge de travail, les conflits d'intérêts ou d'autorité, le manque de clarté dans les tâches, sont des causes importantes de stress. On peut également ressentir du stress en faisant la queue pour payer au magasin, à la fin d'une session universitaire, quand la salle de cinéma est bondée et qu'on ne peut voir le film désiré, etc.

Au-delà des stress conjoncturels très forts (ceux qui obtiennent plus de 40 points dans le tableau précédent), c'est souvent l'accumulation de petits problèmes répétitifs qui usent et diminuent la capacité d'adaptation de l'organisme. C'est bien lorsque celle-ci est dépassée que l'on risque une dégradation importante de notre équilibre physiologique et psychologique. Cela dit, une bonne hygiène de vie, comprenant de l'exercice, une saine alimentation et des moments de détente, permet de surmonter une foule de petits problèmes.

Stress et maladies

Le stress devient chronique quand vous êtes pris dans des situations répétitives qui engendrent une tension permanente. Un conflit interpersonnel, un conflit professionnel, des difficultés financières, une vie de couple à la dérive, sont autant d'événements qui minent votre santé au quotidien. Le stress chronique entraîne des réactions somatiques plus ou moins dérangeantes : tensions musculaires, crampes, migraines, hypertension artérielle, palpitations, douleurs dans la poitrine, etc. Ces manifestations neurovégétatives peuvent prendre une tournure plus inquiétante et causer une fatigue permanente ou invalidante, des lombalgies persistantes, une constipation importante ou des cystites.

Selon des études, le stress entraînerait des risques d'accidents vasculaires, des crises d'asthme et des risques accrus d'infections. Il favoriserait en outre l'accumulation des graisses dans la région abdominale, les maux de dos, l'hypertension, et les risques d'infarctus. Avec toutes ces conséquences fâcheuses, vous conviendrez qu'il ne faut absolument pas laisser le stress gâcher votre vie ! Pour garder la forme, demeurez serein et mettez tout en œuvre pour chasser le stress.

ACTIVITÉ PHYSIQUE

Recommandations et précautions

Lorsqu'on est stressé, on doit suivre certaines règles pour obtenir de bons résultats avec l'activité physique. Un exercice doit être pratiqué régulièrement, de trois à cinq fois par semaine. Il doit être aérobique, c'est-à-dire qu'il doit faire appel à de grands groupes musculaires. Idéalement, cet exercice sera aussi répétitif (marche, natation, cyclisme). Avant d'entreprendre un programme d'exercice, demandez à un spécialiste ou à un médecin quel type et quelle quantité d'exercice vous conviennent.

En peu de temps, vous retirerez des bénéfices de l'exercice régulier. Vous devriez ressentir une plus grande détente et avoir plus de facilité à vous endormir. Les tensions seront plus faciles à évacuer. L'exercice vous permettra de maintenir l'énergie et la résistance nécessaires à vos activités quotidiennes. Vous vous sentirez bien et cela pourrait transformer votre vision de l'existence. Tout cela devrait réduire considérablement les effets du stress sur votre santé.

N'oubliez pas que les conditions dans lesquelles vous faites de l'exercice sont primordiales. Si vous marchez rapidement pendant 10 minutes parce que vous avez peur d'arriver en retard au travail, vous ne ferez qu'accroître votre stress. Marcher à la même vitesse dans un espace vert, tout en contemplant la nature, vous aidera à réduire le stress. Ne surchargez pas votre horaire pour parvenir à y inclure une activité, cela ne ferait qu'ajouter de la pression. Choisissez plutôt une activité qui à la fois vous plaît et s'intègre bien à votre routine.

Comment le corps réagit-il au stress ?

Le stress comporte une composante biologique importante qui fait partie de la réponse à une stimulation extérieure. La réaction physiologique se décompose en trois phases : **ALARME, RÉSISTANCE** et **ÉPUISEMENT.**

Dans la phase initiale, le corps reçoit d'abord un « choc » : le rythme cardiaque s'emballe, le tonus musculaire et le taux de sucre dans le sang s'effondrent. L'organisme va alors tout mettre en œuvre pour s'adapter. Le système nerveux envoie un message à l'hypothalamus qui commande la libération d'adrénaline. Celle-ci augmente le rythme du cœur et le débit sanguin, afin de bien oxygéner les muscles et les tissus. L'adrénaline facilite également la libération du sucre et des graisses par le foie. La mémoire et la réflexion sont à ce stade facilitées, les pupilles se dilatent pour donner une meilleure vision. L'organisme est prêt à faire face.

Si la stimulation persiste, l'organisme passe à la phase de résistance. Il mobilise ses fonctions afin de tirer parti d'autres ressources qui lui permettront de trouver un nouvel équilibre. Il sécrète d'autres hormones : l'endorphine, qui possède des vertus apaisantes, la dopamine, le cortisol, la sérotonine et des hormones sexuelles. À ce stade, le stress est encore considéré comme positif, comme un agent stimulant qui permet à l'organisme de réagir et de combattre des situations menaçantes.

Si la situation perdure, l'organisme engage des dépenses énergétiques trop importantes et passe à la phase d'épuisement. Les défenses immunitaires perdent de l'efficacité contre les agressions extérieures. Votre corps est excessivement tendu. La chaudière est sur le point d'exploser ! Il faut absolument réagir avant que l'organisme n'entre dans la phase d'épuisement.

En d'autres mots, les petits tracas qui s'additionnent au quotidien surexcitent votre système nerveux, accélèrent votre rythme cardiaque et augmentent votre tension musculaire et artérielle. Pour se libérer de ces effets dommageables à long terme, il faut que le corps évacue son surplus d'énergie, comme il le ferait s'il devait fuir à toutes jambes ou défendre chèrement sa peau. Voilà pourquoi l'exercice physique, qui aide à rétablir les fonctions normales du corps, est si important pour vous aider à soulager le stress.

Des exercices bénéfiques

 Il est impossible de retrouver la forme sans bouger un peu. De plus, l'exercice est un facteur important de diminution du stress. Toute forme d'exercice modéré possède une valeur en soi. Bien sûr, certains exercices peuvent entraîner un stress important, comme l'escalade ou la plongée sous-marine. Ils ne favoriseront peut-être pas la détente. Certains exercices, par contre, sont particulièrement indiqués pour soulager les effets du stress. Marcher d'un pas alerte pendant 20 à 30 minutes est l'un des meilleurs exercices qui soit. Il est à la portée de tous et peut se pratiquer dans presque tous les environnements. Voici d'autres types d'exercices intéressants pour vous remettre en forme et chasser le stress. Choisissez-les en fonction de vos goûts et besoins personnels :

❶ ACTIVITÉS SOLITAIRES. Les activités que l'on pratique en solitaire, comme la **MARCHE,** le **JOGGING,** le **VÉLO** sur piste cyclable, le **SKI DE FOND** ou le **PATIN,** permettent de faire le point et apaisent. Si vous souhaitez faire mentalement le tour d'un problème, sans toutefois vous y attarder trop longtemps, ces activités vous seront profitables. Certaines personnes peuvent même y trouver un exutoire. En courant, par exemple, vous aurez l'impression de fuir vos problèmes, ou encore de les devancer.

❷ **EXERCICES RYTHMIQUES.** Les exercices rythmiques, que l'on nomme aussi répétitifs, se déroulent à la manière d'un mantra. Ils suscitent un genre d'état méditatif. Parmi ces activités, on trouve l'**AVIRON**, la **NATATION**, la **COURSE**, le **CYCLOTOURISME** et le **SKI DE RANDONNÉE**. En plus de faire de l'exercice, vous évacuerez graduellement les tensions accumulées au cours de la journée ou pendant la semaine.

❸ **EFFORT SOUTENU.** Les sports qui demandent un effort soutenu ou important vous permettent de faire le vide. L'attention et l'effort exigés obnubilent le reste, et vous font oublier complètement vos problèmes. Il s'agit notamment du **TENNIS**, du **BASKET-BALL**, du **HOCKEY**, de la **VOILE**, etc. Assurez-vous que votre condition physique soit assez bonne pour vous adonner à ces sports. Il faut aussi éviter de vous épuiser complètement en les pratiquant, parce que vous pourriez alors manquer d'énergie pour affronter vos problèmes. Vous devrez apprendre à doser vos efforts pour tirer tous les bénéfices de ces sports.

❹ **SPORTS D'ÉQUIPE.** Les sports d'équipe favorisent les échanges. Vous apprenez à connaître des gens qui peuvent vous conduire à voir les choses différemment. Outre les sports qui ne se pratiquent qu'en équipe, tels le **VOLLEY-BALL** ou le **BASE-BALL**, il ne faut pas négliger les sports qui peuvent se pratiquer en groupe. Une activité de groupe peut également vous permettre de vous évader de la ville une fin de semaine, ce qui vous changera complètement les idées. Mentionnons le **SKI DE RANDONNÉE** et la **RAQUETTE**. Vous pouvez louer un chalet pour une fin de semaine. Quoi de plus réconfortant qu'un bon feu de foyer après une journée d'exercice dans le froid ? Vous pouvez aussi adhérer à un club de **MARCHE** et faire de nouvelles connaissances. Le **CYCLOTOURISME** vous permet de découvrir de beaux coins de pays et de partager vos impressions avec d'autres cyclistes. Partager vos idées et découvrir celles des autres vous aideront à mieux vous connaître et à mieux vous positionner par rapport aux événements de la vie.

❺ PLEIN AIR. Quoi de mieux qu'une bonne bouffée d'air pur pour se régénérer? Des activités de plein air vous permettront de sortir de la ville, de changer de rythme, de voir de nouveaux paysages et de vous ressourcer. L'oxygène nous est vital, le mouvement aussi. La nature est remplie d'occasions à saisir pour vous tenir en forme et pour vous changer les idées. La **PÊCHE**, l'**OBSERVATION DES OISEAUX**, une **RANDONNÉE ALPINE,** le **CANOT**, l'**ÉQUITATION** et bien d'autres activités vous permettront de sortir des sentiers battus et de profiter de la nature.

ALIMENTATION

Certains aliments contiennent des éléments particulièrement utiles pour lutter contre le stress. Aussi l'alimentation joue-t-elle un rôle important dans une stratégie antistress. De plus, un souper animé en famille ou entre amis vous permettra souvent d'oublier vos soucis.

De manière générale, favorisez les **CÉRÉALES À GRAINS ENTIERS**, les **LÉGUMES**, les **FRUITS**, de même que les aliments à haute teneur en **PROTÉINES** mais faibles en gras. Évitez les mets très épicés et les aliments riches en matières grasses. Il semble que le régime alimentaire méditerranéen soit tout indiqué pour les personnes stressées, puisqu'une alimentation saine et équilibrée contribue grandement à la santé et au bien-être (voir page 134). Voici quelques nutriments qui présentent un intérêt particulier pour la remise en forme des personnes stressées:

ALIMENTATION

• **MAGNÉSIUM.** Il joue un rôle important dans la gestion d'un événement stressant. Des études ont montré qu'une personne soumise à un stress mental s'adaptera moins bien si son taux de magnésium sanguin est bas. Les sportifs de haut niveau résistent mieux aux agressions physiques si leur taux de magnésium est adéquat. Si vous êtes exposé à un stress important, assurez-vous d'avoir des apports de magnésium suffisants dans votre alimentation. Les **NOIX**, la **POUDRE DE CACAO**, les **CÉRÉALES COMPLÈTES**, le **GERME DE BLÉ** et le **SON DE BLÉ** sont de bonnes sources de magnésium et diminueront votre vulnérabilité au stress.

• **VITAMINE C.** Elle peut vous aider à traverser une période de stress, car le corps en consomme davantage à ce moment-là. Vous pouvez consommer 500 mg additionnels de vitamine C par jour, en ajustant votre alimentation ou en prenant un supplément alimentaire. Pour obtenir un apport important de vitamine C, privilégiez les aliments suivants : **KIWI, CITRON, ORANGE, CASSIS, BROCOLI, POIVRON CRU, CHOU CRU, CRESSON.**

• **POTASSIUM.** Vos réserves de potassium risquent également de diminuer en période de stress. **BANANE, JUS D'ORANGE** et **ABRICOTS** vous aideront à refaire le plein de potassium.

• **SÉROTONINE.** Les aliments qui stimulent la production de sérotonine, une substance qui a des effets relaxants, vous seront également bénéfiques. Le **PAIN**, les **CÉRÉALES**, les **PÂTES DE BLÉ ENTIER** et les **PRODUITS LAITIERS** contiennent des éléments susceptibles de vous apaiser.

RELAXATION

L'apprentissage de la détente pourra paraître superflu à certains, comme si cela était aussi naturel que dormir. Et pourtant, il ne suffit pas de marquer une pause, de s'asseoir et de regarder la télévision pour parvenir à se détendre. Après une nuit d'insomnie, d'ailleurs, personne n'a tendance à penser qu'il est si facile de s'endormir. Sommeil et détente demandent une certaine discipline, une certaine hygiène de vie. Plus vous êtes fatigué, plus il peut être difficile, paradoxalement, de trouver le sommeil. Il faut apprendre à s'arrêter au bon moment, à relâcher l'élastique avant qu'il ne se casse.

Quand on est stressé, on peut dire que l'élastique est tendu au maximum. Il faut lui donner du jeu. Les techniques de relaxation sont alors primordiales. Elles jouent un rôle aussi important que l'activité physique pour vous aider à retrouver la forme. Nous vous proposons ici quelques méthodes toutes simples pour arriver à relâcher la tension. N'oubliez pas qu'il faut parfois plusieurs essais avant d'obtenir des résultats concluants. Ne vous en faites surtout pas si cela ne marche pas du premier coup. Donnez-vous du temps, cela aussi vous aidera à relaxer !

RELAXATION

La relaxation musculaire progressive

❶ Choisissez une pièce calme. Vous pouvez mettre une musique qui favorise la détente.

❷ Enfilez des vêtements confortables et ne mettez pas de chaussures.

❸ Allongez-vous sur un petit matelas ou une couverture épaisse. Gardez les jambes légèrement écartées. Les bras seront également écartés du corps, les paumes tournées vers le haut. Cette position se nomme *shavasana,* elle est utilisée par les adeptes du yoga depuis des temps immémoriaux.

❹ Fermez les yeux. Respirez profondément.

Maintenant, prenez conscience de chaque partie de votre corps. Contractez-les successivement en inspirant, puis en retenant votre souffle pendant quelques secondes. Relâchez les muscles en expirant. Dites mentalement «relâche» pour renforcer la relaxation. Le but, c'est de vous sentir aussi mou qu'un chiffon. Répétez l'exercice plusieurs fois pour chaque partie du corps. Restez allongé quelques minutes à la fin.

❶ Orteils et mollets : Contractez vos muscles inférieurs en dirigeant les orteils vers votre visage. Relâchez.

❷ Fesses : Poussez le fessier vers le sol. Relâchez.

❸ Abdomen : Serrez doucement les abdominaux. Relâchez.

❹ Bras : Serrez les poings en inspirant, puis ouvrez les mains en expirant.

❺ Épaules : Haussez les épaules. Relâchez.

❻ Nuque : Appuyez le menton contre la gorge. Relâchez tranquillement.

❼ Visage : Contractez légèrement les muscles faciaux : front, mâchoires, menton, nez. Relâchez.

Des méthodes orientales

Exercice et détente sont de bons compagnons. Certains mouvements favorisent la méditation et procurent bien-être et paix intérieure. Les pratiques orientales présentées ici vous permettront de retrouver l'équilibre et de voir la vie sous un angle nouveau. Ces pratiques sont basées sur des positions précises ou des mouvements répétitifs, et sont particulièrement propices à la concentration et à la détente. Au besoin, suivez des cours pour vous initier aux mouvements de base et répétez-les à la maison. Vous tirerez de plus grands bénéfices en pratiquant régulièrement ces mouvements. L'habitude et l'habileté développée vous permettront d'atteindre plus rapidement un état d'équilibre et de calme.

YOGA • • • Technique spirituelle et corporelle, le yoga cherche, grâce à une série de postures précises, à rétablir l'unité. Unité du corps et de l'esprit, mais aussi unité du pratiquant et du monde qui l'entoure. Le hatha-yoga est la forme de yoga la plus connue et la plus pratiquée. Les techniques respiratoires sont fondamentales et précèdent toutes les postures ou *asanas*. Pendant une séance, le pratiquant adopte une ou plusieurs postures stables et agréables. La position d'immobilité qu'il obtient sans effort de son corps, et qu'il gardera pendant plusieurs minutes, permet au pratiquant d'oublier graduellement ce qui l'entoure. Outre la stabilité mentale qu'apporte cette pratique régulière de l'oubli, le yoga régularise le tonus musculaire, ralentit le rythme cardiaque et oxygène le corps. Demandez d'abord conseil à votre médecin si vous avez des problèmes à un organe, aux os ou aux muscles.

TAÏ CHI • • • À la fois art martial et gymnastique, le taï chi se veut une forme de méditation dynamique, propre à rétablir la santé psychophysique. Il est constitué de mouvements amples et gracieux accompagnés d'une respiration profonde. Le passage d'une posture à l'autre s'apparente à une chorégraphie. Le taï chi est tout indiqué pour soulager les tensions du corps et de l'esprit. Au point de vue physique, il renforce les muscles et les articulations, favorise la circulation sanguine et améliore l'équilibre général. Parce qu'il favorise un état méditatif, le taï chi procure un sentiment de tranquillité, tout en stimulant l'esprit.

RELAXATION

Des arômes qui soulagent

 L'aromathérapie moderne existe depuis de nombreuses décennies. Elle utilise les huiles essentielles volatiles, très concentrées, extraites de diverses plantes. Ces produits sont administrés par voie cutanée (dilués dans une huile), en inhalation, ou par voie interne (mélangés à de l'huile d'olive ou à du miel). L'aromathérapie soulage de nombreuses affections d'ordre circulatoire, digestif, respiratoire, etc. L'influence des odeurs peut servir à soigner les troubles physiques mais aussi nerveux.

Il existe des huiles essentielles qui aident à diminuer la nervosité, l'anxiété, le stress. Le contexte joue un rôle important dans l'efficacité de l'aromathérapie sur une personne stressée. Si vous ajoutez quelques gouttes d'une huile essentielle à votre bain, par exemple, ses effets seront associés à un moment de détente, ce qui en augmentera l'efficacité.

Il est recommandé de suivre les conseils d'un aromathérapeute avant d'utiliser une huile essentielle pour la première fois. Les femmes enceintes, les personnes asthmatiques, les gens qui souffrent d'hypertension ou d'épilepsie doivent absolument consulter leur médecin avant de s'adonner à l'aromathérapie.

L'utilisation d'un diffuseur électrique adapté, qui disperse de très fines particules d'huile essentielle dans une pièce, constitue le moyen le plus simple de profiter de l'aromathérapie. Avec le diffuseur, vous éliminez également les risques de surdose. Pour les autres méthodes d'utilisation, n'oubliez pas que quelques gouttes d'huile essentielle suffisent. Voici une liste des huiles essentielles qui ont un effet calmant ou relaxant :

• Lavande	• Laurier
• Mandarine	• Oranger
• Mélisse officinale	• Sapin blanc
• Bois de santal	• Sauge
• Basilic	• Ylang-ylang

QUINZE CONSEILS POUR CHASSER LE STRESS

Vous arrive-t-il de nager dans le stress ? Ne vous laissez pas submerger ! Prenez les moyens pour contrer le stress avant qu'il ne vous domine. Voici une liste de méthodes simples pour évacuer le surplus de tension. Vous constaterez qu'il peut être facile et amusant de déjouer cet ennemi moderne. N'oubliez pas que modifier la routine peut aussi vous aider à relaxer...

1 **Nommez les facteurs qui provoquent du stress chez vous.** Tenez un journal pour faire le point sur votre journée, vos attentes, vos objectifs, vos émotions et vos réactions. Notez tout ce qui vous contrarie et vous bouscule, et déterminez la réponse appropriée à ces tracas. Tenir un journal est un excellent moyen pour apprendre à se connaître. Il n'est pas nécessaire d'écrire dans son journal tous les jours, mais il faut le relire fréquemment. Écrire vous permet également de faire une pause et de prendre du recul. Vous verrez ensuite les choses sous un jour nouveau.

2 **Parlez aux autres de ce qui vous préoccupe.** Les échanges sociaux favorisent une approche positive de la vie, ce qui réduit d'autant le stress. Créez-vous un réseau d'amitiés sincères, sur lesquelles vous pouvez compter. N'hésitez pas à vous tourner vers autrui quand vous éprouvez des difficultés. Parlez de vos préoccupations avec un ami ou un membre de la famille et demandez-lui conseil. Évitez les gens qui vous demandent toujours sans rien donner en retour, ceux qui vous jugent sans vous comprendre ou qui s'emportent contre vous.

3 **Soyez prévoyant.** Arrivez au moins 15 minutes à l'avance à vos rendez-vous (cela vous permettra de reprendre votre souffle), payez vos factures avant la date d'échéance (utilisez si possible les paiements automatiques), achetez des cartes ou des cadeaux quand vous en voyez qui vous plaisent. Vous économiserez beaucoup d'énergie en prenant de l'avance sur ces petites choses qui causent une pression de dernière minute.

4 **Mettez un peu d'ordre.** Classez vos factures, rangez votre correspondance, débarrassez-vous de la paperasse inutile. Placez ce que vous utilisez le plus souvent dans un endroit accessible. Prenez du temps chaque jour pour libérer votre espace. Un environnement bien organisé vous évitera de chercher ce qu'il vous faut (ce qui est toujours énervant) et vous procurera le sentiment rassurant que tout est à sa place.

5 **Amusez-vous.** Quoi de mieux que la bonne humeur pour chasser la tension ? Recherchez ce qui vous amuse : un film comique, une bande dessinée, un ami jovial. Saviez-vous que le rire déclenche la production d'endorphine (une hormone qui soulage la douleur) et que 20 secondes de rire oxygène votre organisme autant que 3 minutes d'un exercice aérobique ? Prenez la vie du bon côté et ne manquez pas une occasion de vous amuser !

6 **Évitez les cohues.** Déplacez-vous en dehors des heures de pointe, allez manger avant l'heure d'affluence dans les restaurants, faites vos courses à des heures tranquilles (tôt le matin, par exemple), achetez certains produits par correspondance. Les foules bruyantes augmentent la pression et entravent la détente. Évitez-les ou soyez plus rapide qu'elles.

7 **Faites de l'exercice.** La pratique d'exercices appropriés vous permet d'évacuer la tension psychologique et de vous détendre physiquement. Choisissez des activités qui vous plaisent et qui s'intègrent bien à votre emploi du temps. Adonnez-vous à vos activités préférées de trois à cinq fois par semaine, sans chercher à battre de record. N'oubliez pas que l'exercice favorise le sommeil profond, ce qui permet de recharger vos batteries.

8 **Gâtez-vous.** Faites une pause, une promenade, louez un film ou prenez une journée de congé. Prévoyez une fin de semaine pour vous amuser et vous détendre. Réservez-vous du temps personnel pour vous divertir avec un livre ou votre musique préférée.

9 **Utilisez des techniques de relaxation.** Pratiquez la respiration profonde (voir page 100) ou les exercices de la nuque (voir page 125). Offrez-vous un massage qui vous procurera une détente et fera baisser votre tension. Initiez-vous à des techniques orientales, comme le yoga ou le taï chi, qui vous aideront à retrouver l'équilibre. Toutes les méthodes énumérées ici non seulement vous aideront à apaiser vos angoisses, mais amèneront aussi un sentiment de bien-être et amélioreront votre santé générale.

10 **Examinez votre mode de vie.** Déterminez ce qui vous dérange et ce que vous pouvez changer. Trouvez le moyen d'éviter, de modifier ou d'accepter ce qui vous cause du stress. Prévoyez du temps pour vos loisirs et pour faire de l'exercice. N'essayez pas d'être parfait. Ne soyez pas trop critique ni trop compétitif. Essayez de prendre les choses avec un grain de sel, faites des blagues sur ce qui vous angoisse. Prenez le temps d'échanger avec vos proches.

11 **Faites une chose à la fois.** Vous êtes débordé ? Accomplissez d'abord les tâches les plus importantes. Confiez-en quelques-unes à d'autres personnes. Engagez quelqu'un pour l'entretien du terrain ou pour la peinture de la maison, commandez un repas au lieu de le préparer. Il est inutile d'essayer de tout faire en même temps. N'oubliez pas de vous garder un moment chaque jour pour le repos et la détente.

12 **Surveillez votre alimentation.** Adoptez un régime alimentaire sain et équilibré. Favorisez les grains entiers, les légumes et les fruits, et les aliments à haute teneur en protéines. Évitez les aliments riches en matières grasses et les mets très épicés. Consommez avec modération alcool et café.

CONSEILS GÉNÉRAUX

13 **Reposez-vous et dormez suffisamment.** Le sommeil réparateur est indispensable pour vivre en santé. Le sommeil est lié au bon fonctionnement du système immunitaire et à la santé cardiovasculaire. Vous pouvez aussi restaurer votre corps et votre esprit en pratiquant régulièrement la détente. Quand vous vous sentez d'attaque, vous pouvez affronter plus facilement les difficultés de la journée !

14 **Gérez votre temps.** Déterminez ce qui est urgent et ce qui peut attendre. Concentrez-vous sur vos responsabilités premières. Déléguez tout ce qui peut l'être et ne surveillez pas ceux qui vous aident. Attelez-vous au travail le plus exigeant au moment de la journée où vous êtes le plus en forme. Réservez les tâches peu exigeantes pour les moments où vous ressentez de la lassitude. Pour les tâches plus longues, avancez étape par étape, et vous aurez terminé plus vite que prévu. Ignorez la sonnerie du téléphone, prenez les messages sur votre répondeur et rappelez plus tard. Enfin, sachez dire non quand il le faut.

15 **Aidez les autres.** Le travail bénévole peut être une façon efficace et satisfaisante de diminuer votre degré de stress. Le temps que vous passez à écouter les autres vous fait oublier vos propres problèmes. Rendre service apporte une satisfaction durable et améliore l'estime de soi. Partager ses valeurs et s'ouvrir à celles des autres est enrichissant à long terme, et permet de diminuer le sentiment d'isolement.

10 SEMAINES POUR AMÉLIORER VOTRE FORME
Intégrez progressivement les éléments suivants dans votre routine

	Semaines 1 et 2	Semaines 3 et 4	Semaines 5 et 6	Semaines 7 et 8	Semaines 9 et 10
Activité physique	10 min. de marche 3-5 fois / sem.	15 min. de marche 3-5 fois / sem.	Exercices aérobiques	Exercices rythmiques	Activités de plein air
Alimentation	Aliments riches en vitamine C	Aliments riches en magnésium	Aliments riches en potassium	Légumes et fruits	Produits céréaliers à grains entiers
Relaxation	3 séances de 5 min.	3-5 séances de 10 min.	3-5 séances de 10 à 20 min.	Essayez une méthode orientale	Essayez l'aromathérapie
Conseils généraux	Reposez-vous	Identifiez vos facteurs de stress	Faites une chose à la fois	Parlez aux autres de ce qui vous préoccupe	Amusez-vous

Reportez-vous aux rubriques concernées pour en connaître davantage sur les suggestions de ce tableau. Certaines précautions peuvent s'avérer nécessaires. N'oubliez pas de remplir le questionnaire Q-AAP (p. 11) avant d'entreprendre un programme d'activité physique.

Prendre de l'âge

Conséquence inéluctable de la vie, le vieillissement guette chaque individu. Considéré à tort comme un dépérissement, ce processus nous livre petit à petit ses secrets. Il nous est déjà possible de prévenir ou de corriger la plupart des petits désagréments qui l'accompagnent. Les 50 ans et plus, qui forment une grande partie de la population dans les pays industrialisés, savent aussi que les années ne sont pas un poids mais une richesse.

La société a changé son optique par rapport aux années qui s'accumulent. Il y a quelques siècles encore, on devenait un vieillard passé trente ans. L'espérance et la qualité de vie se sont nettement améliorées depuis ce temps, et la plupart d'entre nous pourront vivre de longues années en conservant une excellente vigueur physique et intellectuelle, tout en recevant le respect qu'ils méritent.

Le nombre de centenaires ne cesse de croître et les personnes qui dépassent 80 ans sont souvent loin d'être grabataires. L'adage *si jeunesse savait, si vieillesse pouvait* a perdu un peu de son sens. Non seulement les 50 ans et plus «savent», mais ils «peuvent» encore, et parfois plus qu'avant!

Michel Montignac a raison d'écrire qu'«*il y a deux jeunesses dans la vie. La première, bien connue de tous, et la deuxième, qui l'est moins et qui commence à cinquante ans*». La première jeunesse est faite de labours, d'expériences plus ou moins fructueuses, de soumission aux modes et aux institutions. La deuxième jeunesse est caractérisée par les récoltes, la maturité et la plénitude. L'individu est libre et accompli. Cinquante ans, c'est l'âge de la sagesse, mais ce n'est sûrement pas celui de l'inaction.

Le meilleur moyen de rester jeune, c'est de demeurer actif physiquement et intellectuellement. Sans accident ou maladie grave, et avec un bon degré d'activité, chacun de nous pourra demeurer autonome et ressentir du bien-être dans le dernier parcours de sa vie. La Direction de la santé publique de Montréal-centre publiait dans un rapport que «la perte de capacité fonctionnelle résulte davantage de l'inactivité que du processus de vieillissement comme tel». Vous ne devez pas considérer la vieillesse comme une maladie et vous comporter comme tel, vous devez plutôt vous remettre sur les rails et profiter pleinement des belles années qui vous restent!

Votre programme de remise en forme

Si vous avez 50 ans ou plus, votre qualité de vie dépend plus que jamais d'une bonne santé. Sachez qu'il n'est jamais trop tard pour bien faire! Chaque changement peut vous rapporter des dividendes. Reprendre une activité physique et abandonner une alimentation riche en gras ou en sucres peut prolonger votre vie.

L'activité physique, pratiquée régulièrement, permet de ralentir le rythme cardiaque et donc de ménager le cœur, d'améliorer la tonicité des muscles, de redonner une certaine souplesse aux articulations et de raviver la coordination des mouvements. Il est donc absolument essentiel de vous y adonner si vous souhaitez retrouver votre pleine forme. Il y a des façons de le faire sans danger. Parlez-en à un spécialiste de la santé.

Si vous avez plus de 50 ans et que vous êtes inactif, vous devriez passer une évaluation médicale avant de débuter un programme d'execices.

Certains aliments et certaines habitudes de vie retardent le vieillissement. Vous apprendrez ici pourquoi certains aliments sont bons pour vous: pour améliorer la santé de votre cœur, pour contrer certains cancers, etc. Il faut savoir aussi prévenir la perte de matière osseuse due à l'ostéoporose. Cela passe par l'exercice et une bonne alimentation.

Des conseils pour la détente, ainsi que des conseils plus généraux sur la retraite, sur la gymnastique du cerveau ou sur l'utilisation des médicaments, traceront votre route au cours de votre remise en forme. Se sentir bien et en forme repose sur un ensemble de facteurs physiques, psychologiques, environnementaux et sociaux. Trouver la voie de l'équilibre demande d'approfondir chacun de ces paramètres, et de les travailler.

ACTIVITÉ PHYSIQUE

L'activité physique demeure indispensable tout au long de la vie. Elle constitue l'ABC d'une bonne forme. Le comité scientifique de Kino-Québec considère que la pratique régulière d'activités physiques a un effet préventif et curatif sur les maladies du système cardiovasculaire, le diabète, l'obésité, le cancer du côlon, la dyslipidimie, la mortalité et les facteurs de coagulation. La pratique régulière d'activités physiques a également des effets bénéfiques sur l'ostéoporose et la santé mentale, et diminuerait les symptômes de l'anxiété et de la dépression. Il faut préciser, toutefois, que ces bénéfices s'estompent si l'activité diminue et qu'ils disparaissent à la longue si l'activité cesse. Pour retrouver votre forme et la conserver, vous devez être actif régulièrement.

Un programme d'exercice complet doit comprendre :

• Des exercices d'assouplissement et d'étirement, pour améliorer et entretenir les articulations. À faire 3 fois par semaine.

• Des activités d'endurance (aérobiques), pour augmenter la capacité respiratoire et améliorer la santé du système cardiovasculaire. À pratiquer pendant 30 minutes, de 3 à 5 fois par semaine. Marche rapide, bicyclette et natation sont particulièrement recommandées.

• Des exercices de renforcement musculaire, pour tonifier les muscles et retrouver la force. À faire 2 fois par semaine. Un sport comme le ski de fond permet de développer en même temps l'endurance et la force musculaire. Il en va de même pour la natation. Si vous pratiquez la marche rapide seulement, vous devriez intégrer des exercices pour les bras dans votre routine.

Prenez, au besoin, les conseils de spécialistes et n'oubliez pas l'étape du réchauffement avant un exercice important. Inscrivez-vous à un cours de danse ou de gymnastique douce. Allez chercher votre journal à pied au dépanneur. Empruntez les escaliers plutôt que l'ascenseur. Les occasions de bouger ne manquent pas, ne les laissez pas passer !

Bien choisir votre activité physique

 Avant de commencer ou de continuer une activité sportive après 50 ans, il est recommandé de passer un examen médical complet. Cela peut vous éviter des accidents. Certains sports se prêtent peut-être davantage à votre condition physique. Le tableau suivant présente les avantages et inconvénients des sports les plus connus, en fonction de l'âge et de certaines limitations physiques. Il vous aidera à choisir une activité physique qui vous convienne. Il est conseillé, lorsque c'est possible, de pratiquer plusieurs activités physiques différentes, afin de cumuler leurs bénéfices. À la fin du tableau, cinq activités particulièrement bénéfiques et relativement faciles pour les 50 ans et plus sont décrites plus en détail.

Légende

ENDURANCE : plus le chiffre est élevé (de 1 à 3), plus l'exercice est bénéfique pour le cœur.

1 : le cœur travaille peu, votre forme s'améliorera peu.

3 : le cœur travaille beaucoup, votre forme s'améliorera davantage (soyez tout de même prudent).

RÉSISTANCE : plus le chiffre est élevé (de 1 à 3), plus l'exercice est difficile pour le cœur.

RISQUES TRAUMATIQUES : plus le chiffre est élevé (de 1 à 3), plus les risques de blessure sont grands.

HYPERTENSION : oui ou non, en supposant que votre hypertension soit stabilisée.

ARTHROSE : oui ou non, ou selon les articulations sollicitées par l'activité. Si elles correspondent à vos articulations douloureuses, choisissez une autre activité.

ASTHME : oui ou non, ou en tenant compte de votre sensibilité aux facteurs signalés.

50 ANS : oui ou non, ou selon les indications pour entreprendre la pratique de ce sport vers 50 ans. Tout dépend de votre condition physique, évidemment.

APRÈS 65 ANS : oui ou non, ou selon les indications pour pratiquer ce sport après 65 ans. Si vous possédez une longue expérience de ce sport, il vous sera plus facile de le continuer longtemps.

5 activités
particulièrement bénéfiques

• **LA MARCHE.** Elle se pratique à peu près n'importe où et pendant les quatre saisons. Elle ne nécessite aucun investissement particulier. La marche améliore le tonus cardiaque. Elle augmente aussi la capacité respiratoire et accélère la circulation sanguine. La marche est tout indiquée pour prévenir l'ostéoporose. Le marcheur devra doser son effort en fonction de son âge et de sa forme physique. Il est important de se munir d'une bonne paire de chaussures.

• **LE GOLF.** Ce sport favorise la marche, puisqu'un parcours de golf représente plusieurs kilomètres. Il demande une certaine force et une bonne coordination. Le golfeur doit demeurer concentré et faire preuve d'adresse tout au long de la partie. Le golf est une activité qui procure une excellente stimulation générale.

• **LE CYCLISME.** La bicyclette n'a jamais été aussi populaire. Le développement important du réseau de pistes cyclables québécois y est sûrement pour quelque chose. Passé un certain âge, il faut respecter une incontournable progression, en intensité et en distance. Sur un terrain convenable, ce sport favorise un effort agréable et régulier.

Bien choisir votre acitivité physique

Activité	Endurance	Résistance	Risques traumatiques	Hypertension	Arthrose	Asthme	50 ans	Après 65 ans
Marche	3	1	0	Oui	Selon articulations	Oui	Facile	Recommandé
Jogging	3	1	1	Oui	Seon articulations	Oui	Facile	Oui
Natation	3	0	0	Oui	Oui	Chlore	Facile	Recommandé
Vélo	3	2	1	Oui	Selon articulations	Oui	Oui	Oui
Ski de fond	3	1	1	Oui	Selon articulations	Altitude	Pourquoi pas	Pourquoi pas
Tennis	2	1	1	Oui	Oui	Oui	Pourquoi pas	Non*
Golf	2	1	0	Oui	Selon articulations	Oui	Oui	Oui
Équitation	1	2	1	Oui	Selon articulations	Oui	Oui	Oui
Ski alpin	1	1	2	Oui	Selon articulations	Altitude	Traumatisme possible	Non*
Aviron	3	1	0	Oui	Selon articulations	Oui	Pourquoi pas	Non*
Voile	1	2	0	Oui	Oui	Oui	Oui	Oui
Planche à voile	1	2	1	Oui	Selon articulations	Oui	Oui	Non
Plongée	1	2	1	Oui	Oui	Non	Oui	Non*
Apnée	1	3	0	Si initié	Oui	Si initié	Non*	Non*
Sports de combat	1	2	2	Oui	Non	Oui	Non*	Non*
Sports d'équipe	2	1	2	Oui	Oui	Oui	Oui	Non

*Sauf si on est déjà initié

• **LA NATATION.** Cette activité est l'une des meilleures pour retrouver la forme. La natation sollicite l'ensemble des muscles et entraîne le contrôle de la respiration. Puisque l'eau supporte une partie du poids du nageur, cela permet de réaliser plus facilement certains mouvements. La natation est spécialement indiquée pour les personnes qui souffrent d'un excès de poids.

• **LE SKI DE FOND.** Le ski de fond s'adresse aux gens de tout âge. Il s'agit seulement de doser l'effort et les difficultés. Le ski de fond est un excellent sport d'endurance et, en tant que tel, il améliore le système cardiovasculaire. Il sollicite également le système locomoteur, de même que l'équilibre et la fonction respiratoire. Pour bien profiter de nos hivers et retrouver rapidement la forme, c'est un des meilleurs exercices qui soit.

La fréquence cardiaque maximale

Lorsque vous faites de l'exercice, vous devez veiller à ce que votre fréquence cardiaque (battements/minute) demeure dans des limites sécuritaires. La formule la plus répandue et la plus sûre pour calculer votre fréquence cardiaque maximale pendant l'exercice est d'effectuer l'opération suivante : **soustrayez votre âge du nombre 170.** Ainsi, pour une personne de 50 ans, la fréquence cardiaque maximale est de 120 battements/minute. Pour une personne de 70 ans, elle sera de 100 battements/minute. Vous devrez donc éviter de dépasser cette fréquence maximale en ajustant l'intensité de votre effort.

Quelques exercices
pour vous dérouiller

Après 50 ans, vous devez reprendre l'exercice graduellement. Ces quelques exercices à pratiquer à la maison redonneront de la vigueur à vos muscles et de la souplesse à vos articulations. Vous pouvez vous asseoir sur une chaise droite pour les faire. Faites-les 3 fois par semaine. N'oubliez pas qu'ils devront être complétés par une activité physique plus importante. Évitez les mouvements brusques. **Un étirement ne doit jamais faire mal.**

• **Étirement des doigts.** Placez la paume de vos mains l'une contre l'autre, doigts vers le ciel à la hauteur du sternum. Appuyez vos doigts des deux mains les uns contre les autres. Vous devriez sentir une pression le long des doigts. Maintenez 10 secondes et relâchez. Répétez de 2 à 4 fois.

• **Extension du poignet.** Étendez le bras droit en plaçant la main gauche sous l'avant-bras. Étendez les doigts de la main droite au maximum. Fléchissez le poignet vers le haut. Ramenez ensuite la main à l'horizontale. Puis fléchissez le poignet vers le bas. Vous devez maintenir votre main droite dans chacune de ces 3 positions pendant 10 secondes. Changez de bras. Répétez de 2 à 4 fois.

• **Extension de la cheville.** Asseyez-vous sur une chaise droite, en vous assurant d'avoir les pieds bien à plat. Tendez et levez la jambe droite. Étirez la pointe du pied vers le mur qui vous fait face. Fléchissez ensuite le pied en tendant les orteils vers le plafond. Maintenir 10 secondes, puis ramenez le pied en position tendue. Posez votre pied sur le sol et remuez les orteils pour détendre les muscles. Changez de jambe. Recommencez de 2 à 4 fois.

• **Respiration.** Asseyez-vous sur une chaise en gardant le dos bien droit. Laissez pendre vos bras le long de votre corps. Inspirez en levant les bras pour les ramener paume contre paume au-dessus de votre tête. Comptez jusqu'à 4 en retenant votre souffle. Expirez en baissant les bras jusqu'à leur position initiale. Recommencez 3 fois. Au cours des semaines qui viennent, essayez graduellement de retenir votre respiration plus longtemps, en comptant éventuellement jusqu'à 10. Augmentez aussi graduellement le nombre d'inspirations-expirations jusqu'à 10.

ALIMENTATION

Si vous souhaitez retrouver rapidement la forme, concentrez-vous d'abord sur ces 5 recommandations de base touchant l'alimentation. Elles doivent être appliquées au quotidien et peuvent entraîner des modifications dans vos habitudes. Pour bien vieillir et rester en forme, il faut accepter de faire les efforts nécessaires. N'oubliez pas que des petits changements peuvent vous rapporter beaucoup!

❶ **Buvez de l'eau.** Les besoins en liquide demeurent à peu près les mêmes toute la vie. L'eau est indispensable à l'organisme et l'aide à rester en pleine forme. C'est l'eau, par exemple, qui transporte les éléments nutritifs vers les cellules. C'est elle aussi qui permet l'élimination des déchets sous forme d'urine ou de sueur. Vous devriez boire de 1,5 à 2,5 litres d'eau par jour, davantage quand il fait très chaud l'été ou que vous vivez dans un appartement surchauffé. Les sportifs devront aussi boire davantage, souvent et en petites quantités (1 à 2 gorgées d'eau aux 15 minutes pendant l'entrainement).

❷ **Mangez plus de fibres.** Si les fibres n'ont pas de valeur énergétique, elles n'en jouent pas moins un rôle important dans l'alimentation, notamment comme régulateur de certaines réactions métaboliques. En se gonflant d'eau comme une éponge, elles humidifient les selles et les rendent plus volumineuses, ce qui permet de lutter contre la constipation. Les fibres aident aussi à atteindre rapidement une sensation de satiété lors d'un repas et peuvent ainsi favoriser la perte de poids en réduisant le nombre de calories ingérées. Les fibres contribuent également à réduire le taux sanguin de cholestérol et de triglycérides, ce qui a un impact significatif dans la prévention des maladies cardio-vasculaires. On distingue les fibres solubles et insolubles. Les premières se trouvent dans l'avoine, l'orge, la poudre de psyllium, les noix et les graines, les légumineuses et les fruits. Les secondes se trouvent dans les céréales de grains entiers, les noix et les graines, les légumes riches en cellulose, tels le brocoli et les asperges. Idéalement, on devrait bénéficier d'un apport global de 30 à 40 grammes de fibres par jour, dont 70 % proviendraient des produits céréaliers. Si vous augmentez votre ration de fibres, faites-le progressivement (pas plus de 5 grammes par semaine) pour donner au gros intestin le temps de s'adapter.

❸ **N'oubliez pas les vitamines.** Les vitamines connaissent aujourd'hui un grand engouement. Elles sont sans valeur énergétique et ne font pas grossir. Elles sont par contre indispensables à la croissance, de même qu'à certaines fonctions de l'organisme comme le système immunitaire et la coagulation. Les vitamines se trouvent dans l'alimentation ou les suppléments alimentaires. Les spécialistes considèrent que les carences vitaminiques peuvent entraîner des désordres importants. Les suppléments les plus populaires chez les plus de 50 ans sont ceux de vitamines C et E qui contiennent des antioxydants, de vitamine B^{12} qui favorise le bon fonctionnement du cerveau, et de calcium qui aide à prévenir l'ostéoporose. Plusieurs médecins considèrent que consommer au moins cinq portions de fruits et de légumes par jour est une façon plus avantageuse de combler ses besoins en vitamines. Car fruits et légumes possèdent des qualités additionnelles que les suppléments ne possèdent pas, un apport intéressant en fibres, par exemple. Un professionnel de la santé peut vous renseigner sur l'utilité de prendre un supplément ou non.

❹ **Des os en santé.** L'ostéoporose touche surtout les femmes ménopausées. Elle consiste en une diminution de la masse minérale du squelette qui augmente sa fragilité et les risques de fracture. Il faut savoir que 70 % des fractures de la hanche, par exemple, sont liées à l'ostéoporose et que les femmes commencent à perdre de la densité osseuse jusqu'à 10 ans avant la ménopause. Chez les hommes de plus de 70 ans, les risques d'ostéoporose peuvent être aussi importants. La prévention de l'ostéoporose passe avant tout par la nutrition. Elle consiste à couvrir, dès le plus jeune âge et tout au long de la vie, les besoins de l'individu en calcium. À la puberté, l'apport quotidien de calcium est nécessaire pour constituer un bon capital osseux et densifier l'ossature. Plus tard, des apports calciques suffisants permettent de prévenir la déminéralisation de l'ossature. Pour l'adolescent comme pour les personnes âgées, l'apport conseillé en calcium s'élève à 1 200 mg par jour. On retrouve le calcium principalement dans les produits laitiers : lait, yogourt, fromage, à consommer en plusieurs portions au cours de la journée. L'apport en vitamine D s'avère aussi important dans la prévention. Les aliments qui renferment le plus de vitamine D sont les poissons gras (saumon, hareng, thon), le foie (de veau, de bœuf), l'huile de foie de morue, et le beurre.

❺ **La modération a bien meilleur goût.** Plus vous vieillissez et plus l'alcool vous affecte. Comme le métabolisme est plus lent, l'alcool est éliminé par le corps plus lentement. L'équilibre, plus précaire avec l'âge, est encore compromis par l'alcool. S'il est reconnu que la consommation modérée d'alcool réduit de façon significative la mortalité globale, et notamment la mort cardiaque, il ne faut pas en tirer prétexte pour vous mettre à boire excessivement. Un ou deux verres de vin rouge quotidiens, selon votre taille et votre sexe, semblent donner les meilleurs résultats et offrir la meilleure protection.

Douze aliments
pour ralentir l'horloge

La médecine et la diététique modernes ont montré les vertus thérapeutiques de certains aliments. Dans les fruits et les légumes, on trouve des agents phytochimiques, c'est-à-dire des éléments chimiques puissants qui permettent à l'homme de conserver une bonne santé. On trouve également dans les produits de la mer, dans les œufs et dans certaines huiles des vertus qui permettent de bien vieillir et d'atténuer les effets du temps. Les gens de plus de 50 ans ont découvert les bienfaits d'une saine alimentation, par ses dimensions sociale, conviviale et épicurienne d'abord. Des études ont ensuite démontré que la nourriture est un vecteur important de la santé. Pour votre santé, et pour les plaisirs de la table, vous devriez consommer des aliments suivants :

❶ **L'huile d'olive.** Les recherches ont prouvé que certains gras, dont les gras monoinsaturés qui constituent l'huile d'olive, protègent de certaines maladies. L'huile d'olive, contrairement aux gras animaux et aux gras saturés, est un gras excellent pour la santé. Les gras monoinsaturés protègent le cœur en diminuant le taux de mauvais cholestérol (LDL) et en augmentant le taux de bon cholestérol (HDL). De plus, l'huile d'olive contient des vitamines liposolubles (A, E, D, K) et des antioxydants qui ont pour propriété de réduire les risques de certains cancers, notamment celui du côlon. L'huile d'olive diminue, en outre, les risques de thrombose en inhibant l'agrégation des plaquettes sanguines et possède des propriétés anti-inflammatoires pouvant soulager l'arthrite rhumatoïde. Toutes les huiles d'olive ne sont pas de qualité égale. Habituellement, plus une huile est bonne au goût, plus elle est bénéfique pour la santé.

L'olivier est cultivé depuis environ 6 000 ans. Il s'agit d'un arbre vénérable qui peut vivre jusqu'à 1 000 ans ! L'huile d'olive est la seule huile à provenir d'un fruit, les autres huiles étant tirées de graines. L'olive est un fruit singulier qui produit de l'huile au lieu de produire du sucre ! Une huile d'olive extra-vierge, obtenue à l'aide d'une première pression à froid, contient le meilleur de l'olive et devrait être privilégiée. D'un point de vue gastronomique, chaque huile d'olive possède sa personnalité, ses arômes et sa couleur. La situation géographique des oliveraies, le climat, les variétés d'olives utilisées de même que leur stade de maturité sont autant de facteurs qui détermineront son caractère. Les saveurs de l'huile seront, selon le cas, plus ou moins fruitées, douces, piquantes, amères ou herbacées. Pour les plaisirs de la table et d'une bonne forme, l'huile d'olive est un ingrédient de premier choix.

❷ **La tomate.** La tomate contient un pigment végétal nommé lycoprène qui est responsable de sa belle couleur rouge. Le lycoprène est, de plus, un puissant antioxydant. Les études suggèrent qu'il pourrait prévenir le cancer de la prostate. Les hommes qui mangent 10 portions hebdomadaires de produits à base de tomates auraient 35 % moins de risques que les autres de souffrir de ce type de cancer. Le lycoprène jouerait également un rôle bénéfique contre les cancers du

ALIMENTAITON

poumon, du pancréas et de l'appareil digestif. Les populations qui consomment le plus de tomates seraient aussi moins sujettes aux troubles cardiaques. Les tomates fraîches sont riches en vitamine C, mais la cuisson libère les lycoprènes et les rend plus assimilables par le corps. De ce point de vue, les sauces aux tomates sont particulièrement intéressantes pour vous.

❸ **L'ail et l'oignon.** Les effets de l'ail sur le plan cardiovasculaire sont bien connus. L'ail inhibe l'agrégation plaquettaire, ce qui rend le sang plus fluide et évite la formation de caillots. Il diminue également le taux de triglycérides et de mauvais cholestérol (LDL), sans toucher au bon cholestérol (HDL). Les personnes qui consomment fréquemment de l'ail seraient également moins sujettes aux cancers du sein et de l'estomac. C'est à l'allicine que l'ail doit ses propriétés. On en trouve également dans les oignons. Ajouter de l'oignon et de l'ail à vos repas leur donnera plus de saveur, sans augmenter leur teneur en gras, en calories ou en sel, en plus d'avoir d'autres avantages pour votre santé.

Selon une étude sino-américaine récente, une alimentation riche en échalotes, en ail et en oignons pourrait diminuer le risque de cancer de la prostate. Les résultats montrent que les hommes qui mangent plus de 3 grammes d'aliments de la famille des aulx par jour ont un risque diminué d'environ 50 % de développer un cancer de la prostate. Outre l'ail, l'échalote et l'oignon, la famille des aulx comprend la ciboulette et le poireau. Selon cette étude, l'échalote semble être la plus protectrice, car elle diminuerait de 70 % les risques.

❹ **Le brocoli et les autres crucifères.** Les légumes verts contiennent de nombreuses substances susceptibles de protéger contre les cancers. C'est particulièrement le cas pour le brocoli, qui contient des isothiocyanates, des agents phytochimiques anti-carcinogènes. Un des isothiocyanates contenu dans le brocoli, qui se nomme sulforaphane, est l'un des plus efficaces du genre. Il résiste à la cuisson. Vous pouvez donc manger votre brocoli cru ou cuit (sans le faire trop cuire, bien sûr). Les autres membres de la famille du brocoli, les crucifères, possèdent aussi des propriétés intéressantes : chou,

chou-fleur, radis, rutabaga, navet, cresson, etc. Il ne faut surtout pas oublier l'action de leurs fibres et de leurs antioxydants.

❺ Les bleuets et les autres baies. Les baies sauvages ou cultivées, bleuets, framboises, fraises, sont riches en vitamine C, en fibres et en antioxydants. Elles offrent donc une bonne protection contre les maladies cardiaques et le cancer. Les bleuets posséderaient en outre un effet antiseptique sur les voies urinaires. Ils les protégeraient, de la même façon que les canneberges, en empêchant les bactéries responsables d'adhérer aux parois cellulaires. Les bleuets auraient finalement une action bénéfique sur certaines fonctions cognitives. Ajoutez des baies dans vos céréales et dans vos recettes de muffins.

❻ Le poisson. Les bienfaits du poisson sont multiples et, si vous ne l'avez pas déjà fait, il y a plusieurs bonnes raisons de l'ajouter à votre alimentation. Les poissons gras contiennent des acides gras oméga-3. Ces acides gras rendent les plaquettes sanguines moins collantes, un peu comme le ferait l'aspirine, ce qui évite la formation de caillots qui bouchent les artères. La consommation d'oméga-3 diminue le risque d'arrêt cardiaque et de récidive dans le cas d'une première attaque. Selon une étude, l'ajout de poisson gras dans l'alimentation (saumon, sardines, esturgeon, thon, etc.) réduirait de 29 % les morts cardiaques, et même la mortalité par toutes les autres causes. Le poisson serait également bénéfique en cas de maladie d'Alzheimer. La consommation de produits de la mer est associée à une réduction des risques du cancer, notamment de l'œsophage, de l'estomac et du côlon. Mangez-en au moins une fois par semaine et n'ayez pas peur : même s'ils sont gras, les poissons restent plus maigres que les viandes et apportent moins de calories.

❼ Les œufs. Après avoir été déconseillés, les œufs reprennent graduellement leur place dans l'estime des scientifiques. La lutéine et la zéaxanthine contenues dans les œufs préviendraient, au cours du vieillissement, l'apparition de cataractes et la dégénérescence de la macula, cette partie de l'œil essentielle à la vision.

ALIMENTAITON

❽ **Le yogourt et le kéfir.** La consommation régulière de yogourt non pasteurisé (avec des ferments actifs) aiderait à diminuer les symptômes d'allergie, quel que soit votre âge. Le yogourt aurait aussi une action bénéfique sur le syndrome du côlon irritable. Mais, encore une fois, vous devez manger du yogourt avec des ferments actifs, sinon vous risquez d'empirer votre état. Parmi les autres propriétés du yogourt et du kéfir (une autre variété de lait fermenté), mentionnons : une amélioration de l'intolérance au lactose, une aide à l'absorption de certains nutriments (calcium, fer, zinc, phosphore, etc.), une acidification de l'intestin qui inhibe la croissance de pathogènes et la stimulation du système immunitaire.

❾ **Les noix.** Consommées nature, de façon raisonnable et dans le cadre d'un régime alimentaire sain, les noix possèdent des vertus importantes. Manger une petite poignée (le creux de la main) de noix 4 ou 5 fois par semaine réduirait les risques d'accidents cardiaques de 40 %. C'est l'action combinée des gras polyinsaturés, des protéines et des fibres qui contribuent à diminuer le cholestérol sanguin. Les noix sont d'excellentes sources de calcium, de magnésium et de cuivre, qui ont un effet avantageux sur la masse osseuse, la tension artérielle et le cœur. L'arginine contenue dans les noix favorise, après réaction dans l'organisme, la dilatation des vaisseaux sanguins, ce qui favorise une bonne circulation.

❿ **Le vin rouge.** Bacchus s'en réjouissait déjà, et avec raison : le vin rouge apporte gaieté et santé. Une consommation modérée et régulière de vin rouge (un à deux verres par jour) procure une augmentation du bon cholestérol (HDL), un sang plus fluide qui fait moins de caillots, un renforcement de la paroi des vaisseaux sanguins et un effet antioxydant. Les composés phénoliques du vin rouge, les flavonoïdes, posséderaient des propriétés anticancéreuses, antimicrobiennes, antithrombotiques et antiallergiques. Les propriétés antioxydantes du vin seraient aussi supérieures à celles de la vitamine E. Si vous n'avez aucune contre-indication, prendre un verre de vin rouge au repas, en bonne compagnie, vous détendra et pourrait avoir une incidence sur votre bonne humeur et votre bonne forme.

⓫ Le soya. Les isoflavones contenus dans le soya aideraient à prévenir l'ostéoporose en fortifiant les os et contrôleraient les bouffés de chaleur de la ménopause. Des chercheurs évaluent actuellement leur potentiel anticarcinogénique. Les protéines de soya peuvent abaisser le taux de cholestérol sanguin. Comme les autres fèves, le soya est riche en minéraux et en oligoéléments.

⓬ Le thé vert. Consommé depuis des millénaires en Chine, le thé connaît actuellement une certaine faveur populaire. Ceci en raison des catéchines, des antioxydants naturels contenus surtout dans le thé vert, qui peuvent réduire les risques de crise cardiaque et de cancer. Une étude récente montre que les catéchines inhiberaient également la production d'histamine et d'immunoglobuline E, deux substances impliquées dans le développement des allergies. Le thé vert contient peu de caféine, mais favorise néanmoins la concentration. Laissez infuser le thé vert dans votre tasse pendant trois minutes, et prenez quelques instants pour méditer et relaxer en le buvant.

ALIMENTAITON

RELAXATION

Pour vivre longtemps et en bonne forme, il faut regarder la vie du bon côté. Il faut apprendre à se détendre. Les tensions de la journée doivent être évacuées si vous désirez une bonne nuit de sommeil. Ne laissez pas vos petits tracas vous empoisonner la vie. Pour retrouver la forme, quel que soit votre âge, vous devez apprendre à relaxer votre corps et votre esprit. Plusieurs techniques permettent de faire le vide, de chasser les tensions, et même de récupérer.

Les massages

Après 50 ans, vous avez atteint plusieurs de vos objectifs de vie. Vous possédez désormais du temps pour prendre soin de vous-même. Profitez-en pour vous offrir un massage professionnel. Vous ressentirez un grand bien-être, et une détente exceptionnelle du corps et de l'esprit. Les massages peuvent aussi être pratiqués en famille ou entre amis. Il existe des ouvrages qui présentent des techniques très simples pour réaliser des massages efficaces à la maison. Voici une brève description des manœuvres les plus courantes et certaines recommandations d'usage :

• UNE SÉANCE DE MASSAGE. Le massage a probablement constitué le premier remède naturel contre certains malaises. Il permet de lutter contre les douleurs et de dénouer les muscles, et favorise une détente globale. Il existe plusieurs types de massages : suédois, californien, ayurvédique, shiatsu, etc. Pendant une séance de massage, qui dure en moyenne une heure, l'intensité des gestes suit une courbe croissante, puis décroissante. La plupart des séances font appel aux mêmes manœuvres de base. Les **EFFLEURAGES,** effectués au début et à la fin de la séance, se pratiquent en glissant la main sur la peau dans un mouvement doux et apaisant. Les **GLISSERS** sont des manœuvres de drainage et consistent à faire glisser la main ou les doigts en entraînant la peau. On utilise ensuite les **PÉTRISSAGES** profonds ou superficiels. Les premiers saisissent la peau et le tissu musculaire et leur impriment une pression avant de les relâcher. Les seconds se contentent de soulever délicatement la peau. Ces deux manœuvres ne se pratiquent jamais sur des tissus fragiles. Les **FRICTIONS** sont un massage profond et circulaire des tissus cutanés et sous-cutanés, pratiqué habituellement avec le bout des doigts. Les **PERCUSSIONS** sont une série rapide de mouvements brefs et secs et consistent à frapper avec le tranchant de la main ou le bout des doigts des endroits charnus (dos, cuisses).

• **PRÉCAUTIONS ET RECOMMANDATIONS.** Il faut qu'il existe un lien de confiance entre le masseur et la personne qui se met « entre ses mains ». Pour une séance de massage, la pièce doit être calme et sa température confortable. Les mains du masseur doivent être chaudes ; si elles sont froides, il doit d'abord les réchauffer en les frottant ensemble et en les secouant. L'utilisation d'une huile de massage peut être utile, mais elle ne devra contenir aucun produit médicamenteux. Pour le masseur débutant, le dos est une région d'apprentissage idéale, parce qu'il représente une surface large et plate. Il faudra éviter de masser directement la colonne vertébrale. On évitera aussi de masser le ventre d'une femme enceinte, toute partie malade du corps, des varices, une peau infectée ou enflammée. On évitera également de masser une personne fébrile, fiévreuse ou cardiaque. Il ne faut pas non plus masser quelqu'un qui vient de terminer son repas.

RELAXATION

La visualisation

La visualisation est un bon outil de détente. Elle peut aussi vous aider à atteindre des buts. L'influence de la visualisation est connue. Certains athlètes se «voient» en train de réussir un exploit, ce qui les aide à s'entraîner. Vous pouvez visualiser également des situations réconfortantes ou qui vous semblent particulièrement heureuses. Cela ne manquera pas de vous donner du courage pour agir et changer des choses quand il le faut. Laissez courir votre imagination, cela vous apaisera et vous aidera à trouver des solutions !

1. Faites quelques exercices de respiration (voir page 100) ou de relaxation musculaire progressive (voir page 29). Commencez à vous détendre.

2. Imaginez une scène paisible : un champ, une montagne, un lac, ou n'importe quel endroit qui vous semble calme et agréable.

3. Visualisez les détails de la scène et votre place dans celle-ci. Vous pouvez, par exemple, imaginer la couleur de l'herbe ou les reflets du soleil sur l'eau. Essayez d'imaginer la caresse du vent sur votre visage, le parfum des fleurs sauvages ou le clapotis de l'eau.

4. Absorbez-vous dans ces détails pendant une dizaine de minutes. Observez le ralentissement de votre respiration et le relâchement de vos muscles. Pour terminer, laissez l'image se dissiper d'elle-même et demeurez détendu pendant quelques instants.

QUINZE CONSEILS POUR RESTER JEUNE ET EN FORME

De bonnes habitudes vous seront profitables toute la vie. Le capital santé amassé avant la cinquantaine portera ses fruits aujourd'hui. Il n'est jamais trop tard, cependant, pour modifier ses comportements et changer sa routine. Vous avez probablement franchi la cinquantaine dans la force de l'âge.

Il vous appartient maintenant de conserver et de développer vos moyens physiques et intellectuels en utilisant les astuces suivantes :

1 Bougez ! L'exercice est aussi nécessaire à la vie que peuvent l'être la respiration et l'alimentation. Il est bénéfique aux muscles, aux articulations, à l'équilibre mais aussi au moral. Ceux qui auront su maintenir une activité physique tout au long de leur existence s'épargneront plusieurs conséquences fâcheuses du vieillissement et seront mieux armés psychologiquement que les autres pour faire face aux nouveaux défis de la vie. La forme et la santé passent de toute évidence par le mouvement. Même des exercices légers (au moins 20 minutes par jour) seront avantageux pour maintenir ou retrouver l'endurance, la force et la flexibilité. N'oubliez pas qu'il n'y a pas d'âge pour commencer à bouger !

2 Gardez de belles dents. Il n'y a pas si longtemps, porter des dentiers en vieillissant semblait aussi inévitable que de voir surgir des rides. Aujourd'hui, on peut conserver ses dents très longtemps. Pour y parvenir, visitez le dentiste régulièrement. Faites également nettoyer et détartrer vos dents une ou deux fois par année. Le brossage quotidien et la soie dentaire forment la base de l'hygiène dentaire. De belles dents et des gencives saines sont des gages de bonne santé. Des médecins ont montré les liens qui existent entre la gingivite et certains problèmes cardiaques. Une

CONSEILS GÉNÉRAUX

infection des gencives peut se propager et infecter votre cœur. Un beau sourire peut donc prolonger votre vie !

3 **Surveillez votre poids.** Un excès de poids peut entraîner des troubles cardiaques et respiratoires, ce qui risque de raccourcir votre vie. Les graisses abdominales superflues sont particulièrement néfastes pour votre santé. Le métabolisme ralentit avec l'âge, votre corps ne brûle donc plus les calories comme avant. Il faut idéalement réduire vos portions tout en continuant à faire de l'exercice. Si vous croyez souffrir d'un excès de poids, parlez-en à votre médecin, il vous aidera, le cas échéant, à maigrir. Vous devez, de toute façon, adapter votre alimentation en fonction de vos besoins en calories, lesquels varient selon l'âge et le degré d'activité physique.

4 **Évitez les accidents.** Comme les fonctions de régénération du corps fléchissent avec l'âge, il importe d'éviter les accidents et les chutes. En voiture, conduisez prudemment et portez votre ceinture de sécurité. Sachez qu'au volant les risques d'accident augmentent avec les pertes d'acuité auditive et visuelle et le ralentissement des réflexes. Dans la maison et autour de la maison, dégagez les endroits où vous passez le plus souvent afin d'éviter les chutes. Avant de travailler sur votre terrain, vérifiez la présence d'objets ou d'obstacles qui pourraient vous faire trébucher et éliminez-les. Faites le plus souvent possible des exercices pour améliorer et maintenir votre équilibre.

5 **Planifiez votre retraite.** La retraite est une étape marquante dans le cycle de la vie, au même titre que le mariage ou la naissance des enfants. Elle a des répercussions sur le bien-être mental et physique. Ce sera pourtant l'occasion d'un enrichissement personnel, le moment de cueillir les fruits d'une vie de labeur. De nombreux aspects de la retraite peuvent être planifiés avant que ne sonne son heure, parfois plusieurs années d'avance, ce qui facilitera d'autant la transition. Rencontrez votre conseiller financier pour mettre de l'argent de côté et régler vos dettes. Développez des intérêts qui vous occuperont encore à la retraite. Si vous comptez changer de demeure, faites-le quelques années avant de quitter le travail, afin de vous adapter à votre nouvel environnement et de vous créer de nouveaux liens. Ne vous coupez pas de la famille et des amis, et choisissez un environnement qui soit commode et sûr.

6 **Restez jeune dans l'âme !** Pour conserver une bonne forme physique et intellectuelle, il faut se stimuler et demeurer actif. Il est bon d'alterner et de varier les stimulations intellectuelles, de ne pas s'en tenir seulement à la télévision et aux mots croisés. Lire, écouter de la musique, assister à une conférence, participer à un débat, selon vos goûts et préférences, tout cela peut contribuer à maintenir votre esprit alerte. La communication, les échanges, les relations familiales, les rapports de tendresse aident également à maintenir une vie dynamique et enrichissante. En définitive, pour demeurer jeune, il faut vivre ses passions.

7 **Soyez positif et éliminez le stress.** Le stress chronique augmente les risques de cancer et de maladie cardiaque, et entraîne des troubles digestifs et des pertes de mémoire. Avec l'âge apparaissent de nouveaux facteurs de stress : un parent malade, la retraite, la mort du conjoint, etc. Des études ont montré que les personnes qui vivent très longtemps possèdent des qualités telles que l'optimisme, la compassion, la foi, le sens de l'humour, la quiétude et la satisfaction à l'égard de la vie. Presque toutes ces personnes jouissent également de relations amicales et familiales étroites et satisfaisantes. Il est reconnu finalement que les pessimistes courent plus de risques de mourir prématurément que les optimistes. Souriez, la vie est belle !

8 **Attention aux médicaments.** En vieillissant, il peut arriver que vous soyez obligé de prendre des médicaments. Plus vous prenez de médicaments, plus il existe de possibilité d'interactions avec les aliments, l'alcool, les produits naturels ou d'autres médicaments. Il est donc très important de comprendre et de suivre les instructions des professionnels de la santé et d'être en mesure de les renseigner sur ses habitudes personnelles et tous les médicaments que l'on consomme. Il faut aussi avertir son médecin des effets indésirables d'un médicament, ils peuvent souvent être éliminés grâce à une modification de la dose. Enfin, n'hésitez pas à vous faire expliquer la pertinence d'un

CONSEILS GÉNÉRAUX

médicament, car il arrive que des médicaments prescrits à domicile soient inutiles. Renseignez-vous auprès des professionnels de la santé au sujet des thérapies alternatives. Pour certains petits malaises, il existe des remèdes plus efficaces qu'une pilule.

9 **Mangez du poisson.** Manger du poisson une fois par semaine peut réduire les risques de mort cardiaque. Les poissons gras (saumon, thon, sardine) contiennent des acides gras nommés oméga-3 qui rendent les plaquettes sanguines moins collantes (comme le fait l'aspirine) et qui préviennent les thromboses. Même s'il s'agit de gras, les oméga-3, que l'on trouve aussi dans les légumes verts feuillus et certaines noix, aident à diminuer le taux de cholestérol dans le sang et contribuent à la santé cardiovasculaire.

10 **Dormez suffisamment.** Le sommeil est essentiel à la vie. Il permet au corps de se régénérer et au cerveau de trier et de fixer les informations acquises au cours de la journée. Des études ont lié le sommeil au bon fonctionnement du système immunitaire et à la santé cardiovasculaire. Un bon sommeil est un gage de bonne forme. La plupart des adultes, quel que soit leur âge, ont besoin de sept à huit heures de sommeil. Le sommeil réparateur peut vous échapper quand vous vieillissez. Il importe de prendre des mesures pour passer de bonnes nuits. De l'exercice, une bonne alimentation et la consommation très modérée de caféine et d'alcool permettent habituellement de sombrer facilement dans les bras de Morphée. Dans le cas contraire, différentes causes physiques ou psychologiques peuvent provoquer des troubles du sommeil. Parlez-en à votre médecin, qui pourra vous aider à reprendre la route d'un bon sommeil. Apprenez aussi à régénérer votre corps et votre esprit en vous octroyant des moments de détente.

11 **Voyez régulièrement votre médecin.** Votre médecin constitue un allié de taille pour vous aider à demeurer en bonne santé. Différents examens jouent un rôle important dans la détection des maladies et augmentent les chances de réussite des traitements s'il sont commencés assez tôt. Il en va ainsi du cancer et du diabète. D'autres tests peuvent être très utiles en fonc-

tion de votre sexe, de votre âge et de vos antécédents familiaux : cholestérol, examen de la prostate, glycémie, densité
osseuse, mammographie, etc. N'oubliez pas de faire prendre régulièrement votre pression artérielle, pour prévenir des
problèmes cardiaques ou rénaux. Ensuite, le vaccin pneumo-
coccique vous protégera, si vous êtes une personne à risque,
contre la pneumonie. Le vaccin contre la grippe peut aussi
vous éviter des complications ennuyeuses. Apprenez à
connaître les outils préventifs et thérapeutiques qui peuvent
prolonger votre vie.

12 **Méfiez-vous du tabac et de la fumée secondaire.** Le tabagisme est accusé de causer certaines maladies du cœur et le cancer du poumon,
qui font partie des grandes causes de décès en Amérique
du Nord. Arrêter de fumer peut prolonger votre vie. S'il est
difficile d'arrêter de fumer, il est démontré que les chances
de réussite sont plus grandes après 65 ans. Même si vous avez
déjà connu des échecs dans vos tentatives pour arrêter de
fumer, il ne faut pas vous décourager. La prochaine fois pourrait être la bonne. N'hésitez pas à chercher l'aide d'un professionnel de la santé. La fumée secondaire est aussi nocive que
le tabagisme. Fréquenter des lieux enfumés peut compromettre
votre santé. Saviez-vous que respirer de la fumée secondaire
pendant une heure équivaut à fumer plusieurs cigarettes ?

13 **Faites travailler vos méninges.** Le cerveau ne
se détériore que si l'on ne s'en sert pas. Pour
conserver toutes ses facultés, il importe de stimuler les fonctions mnésiques, de retrouver le goût d'un certain effort intellectuel et de faire travailler son imagination.
Le cerveau, comme un muscle, a besoin d'entraînement pour
donner tout son potentiel. La lecture d'un journal permet
d'entraîner quotidiennement le cerveau et la mémoire.
Essayez de vous concentrer pendant la lecture et vérifiez ce
que vous avez retenu en prenant le temps de retranscrire
ensuite les informations essentielles sur une feuille. Vous
serez peut-être surpris par les différences entre les articles
et ce que vous en avez retenu. Avec la pratique et quelques
efforts, vous arriverez à mieux retenir les informations.
D'autres exercices peuvent vous aider : jouer à des jeux com-
plexes tels les échecs, le scrabble et le bridge, lire souvent,

suivre l'actualité, avoir des conversations, faire des mots croisés, résoudre des problèmes mathématiques, assister à une conférence, apprendre de nouvelles choses, peindre, écrire, jouer d'un instrument de musique, etc.

14 **Entretenez vos liens sociaux.** Des études ont montré que les personnes qui vivent en santé jusqu'à un grand âge conservent des liens familiaux et amicaux étroits. Le réseau social permet de prolonger la vie et d'espacer les visites chez le médecin. C'est pourquoi il importe de conserver et de développer ses contacts avec les autres. La solitude vient souvent avec une mauvaise disposition d'esprit. Qui veut être aimé doit d'abord se montrer aimable. N'hésitez jamais à rendre service à vos enfants, à vos amis, à un voisin. La satisfaction personnelle est souvent plus grande que l'effort consenti. Faites du bénévolat, vous apprendrez à connaître de nouvelles personnes et découvrirez peut-être un sens nouveau à votre vie. Votre vie émotive s'enrichira et vous jouirez davantage de vos journées. Plus les contacts se multiplient, plus on se sent bien.

15 **Organisez vos loisirs.** Les investissements consentis par un individu pour conserver, voire augmenter, son bien-être en vieillissant sont d'une importance capitale. Bien des auteurs ont souligné qu'une capacité ou une aptitude ne s'use que si l'on ne s'en sert pas. Il en va ainsi des muscles, par exemple, ou de la mémoire. La diminution des centres d'intérêt, avec l'âge, risque d'entraîner une diminution des capacités d'attention, de concentration et d'analyse. L'inactivité amène à la longue une certaine perte d'autonomie. Pour rester en santé, et bien vivre, il faut s'occuper! Qui ne s'est pas plaint, au cours de sa vie professionnelle, de ne pas avoir assez de temps pour aller au cinéma, voir une pièce de théâtre, lire, voyager, bricoler, jardiner, cuisiner, faire du sport? À la retraite, vous aurez tout l'espace nécessaire pour manœuvrer à votre guise. Un agenda bien rempli, avec des activités qui vous plaisent et vous stimulent, vous permettra de jouir pleinement de la vie. Ne perdez jamais une occasion, tout au long de votre vie, d'apprendre et de découvrir quelque chose, cela ne fera que vous enrichir et maintenir vive la flamme de vos intérêts. C'est une question de qualité de vie.

10 SEMAINES POUR AMÉLIORER VOTRE FORME
Intégrez progressivement les éléments suivants dans votre routine

	Semaines 1 et 2	Semaines 3 et 4	Semaines 5 et 6	Semaines 7 et 8	Semaines 9 et 10
Activité physique	10 min. de marche 3-5 fois / sem.	15 min. de marche 3-5 fois / sem.	Étirements	Essayez la natation ou le ski de fond	Essayez des exercices de musculation
Alimentation	Mangez plus de fibres	Produits laitiers et poissons gras	Huile d'olive	Ail et oignon	Brocoli et autres crucifères
Relaxation	3 séances de 5 min.	3 séances de 10 min.	3-5 séances de 10 min.	3-5 séances de 10 à 20 min.	Essayez un massage professionnel
Conseils généraux	Voyez votre médecin	Pensez à cesser de fumer	Faites examiner vos dents	Faites travailler vos méninges	Organisez vos loisirs

Reportez-vous aux rubriques concernées pour en connaître davantage sur les suggestions de ce tableau. Certaines précautions peuvent s'avérer nécessaires. N'oubliez pas de remplir le questionnaire Q-AAP (p. 11) avant d'entreprendre un programme d'activité physique.

L'excès de poids

Q uand l'âge avance, les bourrelets nous guettent. Dans la trentaine déjà, le métabolisme change. Les calories que l'on brûlait sans peine quelques années plus tôt s'accumulent sous forme de graisses et transforment notre silhouette. À partir de la cinquan- taine, et à toutes les dizaines, il faut éga- lement revoir ses habitudes alimentaires en retranchant des calories, sous peine d'accumuler des kilos superflus. S'il n'y avait que des considérations esthé- tiques, encore, pour nous faire rager contre les bourrelets ! Mais les kilos excédentaires menacent également notre santé. Ils favorisent entre autres l'hypertension, les maladies cardiaques, le diabète et différentes formes de cancers. L'excès de poids peut aussi causer des douleurs articulaires.

Le poids, toutefois, demeure une donnée relative. C'est la quantité de tissus adipeux qui est déterminante. Comme les muscles pèsent plus (3 fois plus) que les graisses, une personne à la constitution musclée peut accuser un surplus sur le pèse-personne, sans pour autant avoir des problèmes de santé. Plus importante encore est la localisation des tissus adipeux. S'ils s'accumulent dans les fesses et les cuisses, ils occasionnent moins de problèmes. Ce sont les graisses abdominales qui causent le plus de dommages et que l'on peut, à bon droit, vouloir éliminer.

Votre programme
de remise en forme

Pour retrouver pleinement la forme, il est possible que vous ayez quelques kilos à perdre. Parlez-en toutefois à votre médecin, car maigrir est un processus épineux. Chaque personne présente un profil différent, dont un professionnel de la santé saura tenir compte. Il n'existe d'ailleurs pas de recettes miracles. Pour maigrir, il faut diminuer la quantité de calories ingérées quotidiennement et augmenter ses dépenses énergétiques. Toute perte de poids doit en outre être progressive, pour que les fonctions corporelles ne soient pas lésées.

Pour maigrir ou simplement maintenir un poids santé, il faut réserver une place importante à l'exercice physique et revoir ses habitudes alimentaires. L'alimentation et l'inactivité sont en grande partie responsables de la plupart des excès de poids. Ce chapitre vous permettra d'y voir plus clair. Il tentera de définir ce qu'est un excès de poids et ce qu'il est souhaitable de faire pour le perdre. Une série de conseils viendra appuyer votre démarche en vous indiquant des pistes intéressantes, et des techniques de relaxation vous apprendront ce qu'il faut faire pour ne pas «manger» vos émotions. Pour retrouver la forme, il importe surtout de bouger !

L'indice de masse corporelle

Depuis une dizaine d'année, on se sert de l'indice de masse corporelle (IMC) pour évaluer la relation entre le poids et la santé. L'IMC permet de déterminer *grosso modo* la corpulence de la personne, afin de voir s'il y a obésité ou maigreur, et à quel degré. Pour calculer son IMC, il faut diviser son poids en kilogrammes par le carré de sa hauteur en mètres (kg/m^2). Si vous mesurez 1,80 m (5 pi, 11 po), par exemple, et que vous pesez 84 kg (185 lb), votre IMC tourne autour de 26, ce qui se situe dans une zone pouvant entraîner des problèmes de santé chez certaines personnes.

Il ne faut pas oublier, toutefois, que l'IMC fournit des points de repère indicatifs des niveaux de poids satisfaisants chez les adultes de 20 à 65 ans. Il ne s'applique donc pas aux femmes enceintes ou qui allaitent, aux nourrissons, aux personnes gravement malades, aux athlètes ni aux 65 ans et plus.

Santé Canada offre sur son site Internet une calculette automatique très pratique pour établir votre IMC. Cette calculette accepte les mesures métriques et impériales. Votre IMC est ensuite reporté sur un tableau qui indique si votre poids entraîne des risques pour votre santé.

IMC : Répercussions sur la santé

20 OU MOINS : Chez certaines personnes, l'IMC peut être associé à des problèmes de santé

20 - 25 : Poids satisfaisant pour la plupart des gens

25 - 27 : Chez certaines personnes, l'IMC peut entraîner des problèmes de santé

27 ET PLUS : Risque accru de développer des problèmes de santé

Site Internet :
**http ://www.hc-sc.gc.ca/hppb/
la-nutrition/bmi/chart_java.html**

Le métabolisme de base

Le métabolisme de base correspond à l'énergie que le corps dépense au repos. Il concerne la respiration, la digestion, les battements cardiaques, les réactions biochimiques corporelles, en fait tout mouvement interne qui nous garde en vie. Or les régimes amaigrissants, en privant le corps des calories (donc de l'énergie) qu'il a l'habitude de recevoir, entraînent une diminution du métabolisme de base. C'est que le corps modifie ses mécanismes pour distribuer l'énergie disponible aux organes vitaux d'abord. Une augmentation de l'apport calorique ne suscitera pas, à elle seule, une augmentation du métabolisme de base. La personne qui, après un régime amaigrissant, retourne à ses anciennes habitudes alimentaires gagnera du poids très rapidement, puisque le métabolisme de base est inférieur à ce qu'il était avant le régime. Il faut savoir que ce métabolisme diminue aussi avec l'âge. C'est pourquoi il est recommandé de manger un peu moins aux repas après la trentaine et à chaque nouvelle dizaine.

L'exercice contribue, principalement, à augmenter le métabolisme de base. Une augmentation du capital musculaire est aussi bénéfique. Chaque nouveau kilo de muscle brûlerait à lui seul 17,6 calories toutes les 24 heures. Si vous souhaitez perdre un peu de poids, il est préférable d'allier l'exercice à une alimentation adéquate, afin de maintenir le métabolisme de base à son niveau habituel, voire à l'augmenter.

ACTIVITÉ PHYSIQUE

Le meilleur moyen de perdre un peu de poids est aussi le meilleur moyen pour se remettre en forme. Il s'agit de l'activité physique. Une bonne dose d'exercice hebdomadaire, pratiquée tout au long de l'année, favorise une dépense énergétique élevée. L'exercice, associé à de bonnes habitudes alimentaires, contribue à la diminution des tissus adipeux. Il augmente aussi la masse musculaire. La disparition des graisses abdominales et la formation de muscles modifient la silhouette. Sans compter les bénéfices de l'activité physique pour la fonction cardio-vasculaire et la capacité respiratoire.

Toutes les activités physiques sont bonnes pour la santé, que ce soit les activités de la vie quotidienne (entretien ménager, porter les sacs d'épicerie), les activités reliées au travail ou bien les activités sportives, de plein air et les programmes d'exercices. Les activités de locomotion sont intéressantes pour vous. La marche, la bicyclette, la natation et le ski de fond suscitent une dépense énergétique élevée et se pratiquent facilement. Les risques de traumatismes sont moins élevés que dans d'autres sports, et vous y allez à votre rythme.

Les spécialistes considèrent maintenant que l'activité physique peut être fractionnée au cours d'une journée. Il importe toutefois qu'un exercice dure au moins 10 minutes. Ainsi, si vous êtes actif à trois reprises au cours de la journée, pendant des périodes d'une dizaine de minutes chaque fois, vous obtiendrez à peu près les mêmes résultats qu'en ayant fait de l'exercice pendant 30 minutes consécutives. **Par contre, si vous souhaitez perdre du poids (et non seulement améliorer votre forme), vous devrez privilégier des séances d'activité physique continue (au moins 30 minutes sans interruption par séance). La meilleure formule pour travailler sur les graisses est donc la suivante : un exercice de faible intensité et de longue durée.**

Une activité physique de faible intensité (marcher d'un pas lent) mais pratiquée plus longtemps sera aussi bénéfique qu'une activité à intensité élevée de courte durée. Marcher pendant une heure d'un pas lent correspondrait environ à une demi-heure de marche rapide. Mais même si l'on parle d'un pas lent, il faut que l'exercice cause un léger essoufflement pour être efficace. Pour vous, le calcul est simple: plus vous êtes actif, plus vous brûlez de calories ! Notez enfin qu'il vous faudra veiller à contrôler l'apport calorique de votre alimentation.

Combien de calories dépensez-vous ?

 Voici une liste comprenant des activités que vous pouvez pratiquer facilement et des tâches de la vie quotidienne qui vous font travailler physiquement. Vous trouverez le nombre de calories dépensées par tranche de 20 minutes d'activité physique :

Marche (rythme normal)	80 - 140
Montée des escaliers	100 - 200
Danse sociale	50 - 100
Balle molle	60 - 140
Quilles	50 - 100
Râtelage des feuilles	60 - 100
Promenade du chien	70 - 110
Jardinage	100 - 180
Travaux ménagers	100 - 200
Vélo (9 km/h)	120 - 125

Soyez assidu

Faites de l'activité physique tous les jours, si possible. Des recherches nous montrent que les gens qui font de l'activité physique au moins un jour sur deux réussissent plus facilement à obtenir un poids santé que ceux qui en font moins souvent. Pour le contrôle du poids, la fréquence à laquelle vous faites de l'activité physique semble un facteur tout aussi important que l'intensité ou la durée de l'activité elle-même.

Faites appel à votre imagination. Trouvez des moyens simples d'inclure l'activité physique dans votre routine quotidienne. Prenez l'escalier au lieu de l'ascenseur. Choisissez autant que possible un mode de transport actif, comme l'autobus et la marche, la bicyclette, etc. Oubliez le lave-auto, sortez votre éponge et votre seau pour faire reluire votre auto. Pensez à tous les appareils que vous utilisez pour vous épargner des efforts et utilisez de temps à autre votre propre énergie pour venir à bout des tâches domestiques.

Réservez-vous du temps pour une activité physique, comme la marche ou la natation. Inscrivez-vous à des cours de danse ou de gymnastique. Choisissez une activité qui correspond à vos goûts. Si les rapports sociaux vous importent, pratiquez une activité avec un membre de la famille ou un ami.

Recommandations et précautions

Il est important de discuter avec votre médecin avant d'entreprendre un programme d'exercice. Certaines restrictions peuvent s'appliquer si vous êtes cardiaque, avez subi un infarctus, êtes âgé de plus de 40 ans, n'avez pas l'habitude de faire de l'activité physique ou souffrez du diabète. Votre médecin vérifiera également vos antécédents familiaux, notamment en ce qui concerne les maladies cardiaques. Un professionnel de la santé pourra aussi vous proposer un programme d'exercice sur mesure.

Allez-y progressivement. Trop d'efforts au début peuvent être déplacés et vous décourageront. Dix minutes d'une activité douce, comme une marche à un rythme modéré, est une première étape adéquate. Marchez 4 ou 5 fois au cours de la semaine. Augmentez ensuite l'effort chaque semaine.

Certaines activités sont particulièrement appropriées pour les gens qui souffrent d'un excès de poids, quelle que soit l'importance de celui-ci :

❶ **LA MARCHE.** C'est un exercice parfait pour réduire les risques de diabète et de maladies cardiovasculaires. La marche, de plus, est une activité idéale pour retrouver progressivement la forme. Elle est agréable et peut se pratiquer en solitaire ou à plusieurs, que ce soit en ville ou à la campagne. Pour ne pas vous décourager, optez d'abord pour les terrains plats ou à pente faible. Les surpoids importants fragilisent les articulations et peuvent rendre les montées et les descentes particulièrement pénibles. Procurez-vous un matériel confortable, en vous attardant spécialement au choix des chaussures, qui devront offrir un bon soutien. Sélectionnez des itinéraires intéressants qui vous permettront, par exemple, de découvrir un site touristique ou de profiter de la nature. Vous trouverez un programme de marche à la page 117. Pour le rendre plus accessible, doublez ou triplez les étapes 1 à 4, afin de réaliser le programme en 15 à 20 semaines.

❷ **LA BICYCLETTE.** Un bon moyen pour vous oxygéner et découvrir des coins de pays à un rythme naturel. Comme pour la marche, faites d'abord des parcours en terrain plat. Le choix du vélo est important. Optez pour un modèle qui offre du confort et des performances raisonnables. Commencez par des parcours plutôt courts, puis allongez-les progressivement. Le programme de marche de la page 117 peut vous servir de modèle. Diminuez la fréquence à 3 ou 4 fois par semaine et doublez les étapes 1 à 4.

❸ **LA NATATION.** Les activités aquatiques offrent un avantage particulièrement appréciable. Elles annihilent en quelque sorte la pesanteur et ménagent ainsi vos articulations. Le milieu aquatique permet une plus grande liberté de mouvements et fait travailler pratiquement tous les groupes musculaires. Inscrivez-vous à un cours d'aquaforme, cela vous permettra de développer des liens au sein du groupe et vous motivera à continuer. Les spécialistes considèrent que la natation est un exercice « complet ». Elle entraîne les muscles, les articulations et les fonctions cardiaque et respiratoire.

L'activité physique diminue le taux de cholestérol. *Des chercheurs de l'université Duke, en Caroline du Nord, ont montré récemment que l'exercice a un effet bénéfique sur le cholestérol. Leurs recherches ont mis en lumière le rôle de protéines transportant le bon et le mauvais cholestérol dans le sang. L'exercice aurait pour effet d'augmenter la taille de ces protéines, ce qui améliorerait la santé cardio-vasculaire. De plus, c'est la* **quantité** *d'activité physique qui est déterminante, davantage que l'intensité de cette activité. Il est bon de faire de l'exercice souvent, et sur une durée adéquate, pour diminuer les risques de maladie cardiaque. L'exercice, pratiqué régulièrement, vous permet donc d'améliorer votre forme physique et votre santé. Un prétexte de plus pour bouger souvent !*

ALIMENTATION

L'alimentation est une médecine naturelle. Ou une source de problèmes. En effet, de mauvaises habitudes alimentaires nuisent considérablement à notre santé. On dit que certains poisons sont agréables au goût. Tout ce qui vous plaît dans la nourriture n'est pas nécessairement bon pour vous. Faut-il, dès lors, vous priver de certains aliments ? Ici comme ailleurs, la mesure est nécessaire. Si votre alimentation est généralement équilibrée, un petit écart occasionnel ne peut pas vraiment vous nuire. Si l'exception devient une règle quotidienne, par contre, certains problèmes peuvent surgir : de l'embonpoint, une mauvaise santé cardiaque, une apparence qui vous déplaît, etc. Si vous souhaitez surveiller votre ligne, ou perdre du poids, il vous faudra adopter de bonnes habitudes alimentaires. Vous verrez, à la longue, qu'elles sont bonnes au goût, et bonnes pour vous !

Les régimes amaigrissants
et leurs effets pervers

Il serait difficile d'aborder ce volet consacré à l'alimentation sans parler des régimes amaigrissants. Beaucoup de personnes ont entrepris des régimes amaigrissants avec un certain succès pour constater ensuite, avec déception, qu'elles reprenaient le poids perdu à la fin du régime. Et parfois même plus ! Cet effet de rebond s'explique par un ralentissement du métabolisme de base (voir page 70), qui est une réponse de l'organisme à cette « violence » qui lui est faite. Après une longue période de jeûne forcé, par exemple, le corps se constitue un stock important de graisses à la moindre bouchée avalée, pour faire face à un autre jeûne éventuel. Pour maintenir le métabolisme de base et les fonctions normales du corps, il est préférable de ne pas réduire de façon draconienne l'alimentation. Ce n'est pas toujours la quantité d'aliments ingérés qui compte, mais bel et bien leur qualité.

En tout état de cause, vous devez garder à l'esprit qu'une modification transitoire de l'alimentation ne peut entraîner une perte de poids durable. Aucun déséquilibre programmé des apports alimentaires ne peut être sain. Les carences que produit un tel déséquilibre ont un effet défavorable sur la forme physique et la santé. Les restrictions alimentaires sévères font perdre plus de masse maigre (masse musculaire) que de masse grasse. Quand l'aiguille du pèse-personne descend de la sorte, votre forme n'augmente pas, au contraire ! Les déceptions successives qui découlent de l'effet yoyo (perte puis reprise de poids) risquent de vous décourager durablement et vous empêcheront peut-être d'entreprendre les démarches adéquates.

En définitive, les régimes amaigrissants, quelle que soit leur approche, comportent des risques pour la santé. Ils ne devraient être suivis que sous une surveillance médicale adéquate. Il vaut mieux éviter de recourir, sans expertise, aux régimes à la mode et aux produits qui promettent des miracles. La plupart n'arrivent pas à tenir leurs promesses et peuvent compromettre votre forme physique. Pour parvenir à maigrir, il ne suffit d'ailleurs pas de perdre des kilos, il faut aussi perdre des habitudes de vie !

Quelques trucs alimentaires

Voici quelques conseils à appliquer au quotidien. À eux seuls, ils ne peuvent pas vous faire maigrir, mais ils vous aideront à y parvenir.

❶ BUVEZ DE L'EAU. Boire aiderait à donner une impression de satiété. Lorsque l'envie de grignoter vous prend, essayez d'abord de prendre un verre d'eau. Boire de l'eau avant le repas pourrait aussi vous aider à manger moins. L'eau est essentielle à la vie et ne contient pas de calories ! Les boissons sucrées et les boissons alcoolisées, par contre, apportent beaucoup de calories dans l'alimentation. Remplacez-les par un bon verre d'eau !

❷ DES PROTÉINES AU PETIT DÉJEUNER. Les protéines procurent la satiété plus que les glucides ou les lipides. Un premier repas riche en protéines diminue la faim au repas suivant. Choisissez des aliments riches en protéines mais pauvres en matières grasses, comme les produits laitiers à basse teneur en gras et les volailles sans peau. Yogourt, fromage cottage, poitrine de dinde, et autres, remplaceront avantageusement les confitures et combleront votre appétit. Dans le cas des protéines animales, n'en consommez pas plus de 100 g par jour si vous souhaitez perdre du poids.

❸ DIMINUEZ OU SUPPRIMEZ LES ALIMENTS RICHES EN SUCRE. Remplacez-les par des légumes, des fruits et des jus de fruits. Tous ces produits ont une densité calorique plus faible que les aliments sucrés et leur sont supérieurs en sels minéraux et en vitamines. Dans le même ordre d'idées, ne mangez pas trop d'aliments dits allégés ou de régime. Ils sont tout de même riches en calories et ne vous feront pas automatiquement maigrir.

❹ ATTENTION AUX BOISSONS GAZEUSES ! C'est là une importante source de calories vides, celles qui ne nourrissent pas mais font engraisser. Remplacez les boissons sucrées du commerce par un mélange de jus de fruit

ALIMENTAITON

(1/3) et d'eau minérale gazéifiée (2/3). Pensez aussi à prendre un bon verre d'eau pour étancher votre soif.

❺ **RELEVEZ VOTRE CUISINE AVEC DES AROMATES OU DES ÉPICES.** Plus un plat est savoureux, moins il a besoin de gras pour être goûteux. Herbes et épices sont hypocaloriques. Utilisez vos herbes et épices préférées, fraîches ou séchées, pour relever le goût de vos plats. Ajoutez-y de l'ail ou de l'oignon pour leur donner encore plus de saveur et en tirer des bénéfices supplémentaires pour votre santé (voir page 52).

Une méthode contestée, mais une piste intéressante

Ces dernières années, on a beaucoup entendu parler de la méthode Montignac. Elle repose sur l'index glycémique des aliments (augmentation du glucose que les aliments induisent dans le sang) et propose une révolution dans notre manière d'envisager l'alimentation. Son leitmotiv, « je mange, donc je maigris », a vraiment tout pour plaire. Comme toute mode, cette méthode a aussi souffert de ses succès. Les scientifiques ont vivement contesté la légitimité des restrictions alimentaires qu'elle propose, et plus spécialement les principes sur lesquels elle repose. Le Pr Bernard Guy-Grand, de Paris, lui reproche notamment l'application dissociée de l'index glycémique. Car si l'on ajoute des lipides à un repas, on modifie l'index glycémique global de celui-ci, indépendamment de la valeur attribuée à chacun des aliments. Le public qui a utilisé la méthode Montignac a toutefois obtenu des résultats intéressants, ce qui explique peut-être que les livres expliquant cette méthode se soient vendus à des millions d'exemplaires.

Il était temps que les chercheurs tentent de faire la lumière sur cette méthode et vérifient s'il y a quelque chose de solide à en tirer. C'est ce qu'une équipe de chercheurs de l'Université Laval a entrepris. Les résultats de leurs recherches sont pour le moins surprenants. Les sujets qui ont participé à l'expérience devaient suivre les principes de la méthode Montignac pendant une semaine, sans restriction sur les quantités d'aliments. Or, ils ont ingéré 25 % moins de calories qu'à l'ordinaire, sans même s'en rendre compte ! Cela s'explique par le pouvoir rassasiant des protéines et des fibres, plus grand que celui des lipides et des glucides. De plus, à la suite de cette semaine, le taux de triglycérides des volontaires avait chuté de 35 %. Les triglycérides, on le sait, augmentent les risques de maladies cardiovasculaires. Ces résultats encourageants ne font peut-être pas l'unanimité, mais ils ouvrent des pistes qui doivent être explorées minutieusement.

Ce qui est difficilement contestable pourtant, et qui mérite d'être retenu, c'est que la modification des habitudes alimentaires contribue à diminuer la quantité de calories ingérées, sans entraîner de frustration pour autant. Le principe originel, et peut-être le plus fort, de la méthode Montignac est le «recentrage des habitudes alimentaires». C'est ce que suggèrent aussi les spécialistes. En adoptant de bonnes habitudes, on peut maigrir sans pour autant diminuer la quantité d'aliments. C'est la qualité et la nature des aliments qui comptent. Maigrir et retrouver la forme ne peut se faire qu'en «recentrant» durablement ses habitudes alimentaires.

La bonne approche pour perdre du poids

Une alimentation déficiente et l'inactivité expliquent la plupart des excès de poids. Si vous souhaitez perdre du poids, parlez-en à votre médecin. Il vous donnera des pistes diététiques adaptées à votre cas et vous proposera un programme d'activités physiques réaliste. De façon générale, introduisez dans votre alimentation des fruits et légumes (de 5 à 10 portions par jour), des céréales à grains entiers et des légumineuses. Limitez-vous à 100 grammes de protéines animales par jour, provenant de poissons, de volailles sans la peau ou de coupes de viandes maigres. Optez pour les produits laitiers à faible teneur en gras. L'alimentation de **type méditerranéen** (voir page 133) est tout indiquée pour vous. Elle permet de diminuer la teneur calorique des repas tout en procurant la satiété. Elle assure un apport quotidien suffisant en nutriments essentiels et comporte de nombreux bénéfices pour la forme et la santé. Un changement durable

ALIMENTAITON

dans les habitudes de vie, c'est-à-dire faire davantage d'exercice et manger mieux (plus de fibres et moins de graisses), peut donner des résultats surprenants à moyen et à long terme. C'est la meilleure approche pour retrouver la forme et perdre du poids.

RELAXATION

Quand elles sont stressées, de nombreuses personnes ont tendance à manger pour se détendre. Le chocolat ou le gâteau joue le rôle de remontant. Manger est une réponse apprise qui aura été associée à des événements de la vie : chagrins, frustrations, difficultés de toutes sortes. Cela crée des automatismes et, quand la fringale nous prend, on n'analyse pas toutes les raisons qui nous poussent à chercher une compensation alimentaire. Voilà pourquoi il faut apprendre à se détendre, pour chasser les tensions qui nous incitent à vider le garde-manger. On ne parviendra à surmonter l'automatisme alimentaire qu'en trouvant d'autres moyens, peut-être plus adaptés, de faire face aux situations stressantes ou angoissantes. Les techniques que nous proposons ici vous aideront à faire le vide et à reprendre naturellement le dessus.

Le training autogène

Cette technique a été mise au point par un Allemand nommé Schultz. Elle consiste à faire des exercices physiologiques rationnels déterminés, destinés à mettre le corps et l'esprit au repos, et à « suggérer » une réponse déterminée à l'organisme. L'entraînement dure plusieurs mois et se fait sous la supervision d'un thérapeute. Voici une version très abrégée du training à pratiquer à la maison plusieurs fois par semaine, par périodes de 5 à 10 minutes :

❶ Asseyez-vous confortablement dans une pièce calme, la tête légèrement penchée vers l'avant.

❷ Fermez les yeux et concentrez-vous.

❸ Portez votre attention sur une partie de votre corps, par exemple votre bras.

❹ Dites-vous mentalement : « Mon bras est lourd. »

❺ Procédez de la même façon pour toutes les parties importantes de votre corps.

❻ Terminez en vous concentrant sur votre corps tout entier et en pensant : « Mon corps est lourd. » Vous devriez vraiment ressentir cette lourdeur.

❼ Pratiquez cet exercice plusieurs fois par semaine, sans vous presser. Il faudra peut-être quelques séances avant d'en ressentir pleinement les effets. Quand vous aurez bien maîtrisé la technique, utilisez-la au moment de vous endormir. Votre sommeil n'en sera que plus profond.

La méditation

La méditation est une pratique orientale qui cherche à atteindre un état de paix intérieure, de quiétude. Ce n'est pas une activité en tant que telle, mais une manière d'être qui permet de sentir la vie qui coule en soi et autour de soi. Il existe plusieurs types de méditation. Voici un exercice de base à pratiquer pendant 10 à 20 minutes, plusieurs fois par semaine. Il vous permettra de faire le vide et de chasser vos obsessions :

❶ Choisissez une pièce à l'écart des activités de la maison. Femez la porte pour vous couper du monde extérieur. Évitez les moments où vous risquez d'être dérangé et ceux où vous venez de prendre un gros repas.

❷ Asseyez-vous en tailleur ou couchez-vous en position *shavasana* (voir page 29). Installez-vous directement sur le sol ou sur une couverture.

RELAXATION

❸ Inspirez et expirez profondément. Concentrez-vous sur l'air qui entre et sort de vos poumons.

❹ Répétez mentalement une phrase impartiale comme «je respire» ou «j'observe le silence».

❺ Laissez passer les images qui vous viennent à l'esprit, sans vous attarder sur aucune, en les regardant glisser comme un nuage dans le ciel.

❻ Si une pensée s'impose à votre esprit, concentrez-vous de nouveau sur une phrase impartiale.

❼ Restez immobile quelques instants avant de reprendre vos activités normales. Savourez votre quiétude et votre bien-être.

QUINZE CONSEILS POUR PERDRE DU POIDS OU SURVEILLER SA LIGNE

Maigrir n'est pas de tout repos. Si vous avez quelques kilos à perdre ou si vous souhaitez conserver votre poids actuel pendant de nombreuses années, vous devrez modifier certains comportements. Si vous apportez des changements à votre alimentation, il vous faudra aussi éviter les carences nutritionnelles. Rassurez-vous, il existe des méthodes qui ont fait leurs preuves et qui vous donneront des résultats encourageants. Demeurez réaliste et ne précipitez pas les choses. Vous devez viser le long terme, pour améliorer votre santé et votre apparence. Voici quelques astuces qui pourraient vous aider :

1 **PARLEZ-EN D'ABORD À VOTRE MÉDECIN.** Avant d'entreprendre un régime, il faut s'assurer que celui-ci est vraiment nécessaire. Votre médecin peut déterminer, à l'aide d'outils comme l'IMC et en fonction de votre ossature, si vous avez vraiment du poids à perdre. Il pourra aussi évaluer votre motivation à suivre un régime. En fonction de tout cela, il verra à renforcer votre conviction et à vous encadrer tout au long du processus de perte de poids.

2 **FIXEZ-VOUS DES OBJECTIFS RAISONNABLES.** Une baisse de poids doit être modérée et régulière. Un régime trop strict peut nuire à votre santé et surtout à votre motivation. Une perte de 0,5 kg par semaine est une mesure acceptable, même si vous souhaitez en perdre beaucoup plus. Ensuite, les changements à votre mode de vie doivent s'implanter progressivement, sinon vous ressentirez de la frustration et vous abandonnerez. Contentez-vous d'un changement par semaine, comme d'ajouter quelques portions quotidiennes de fruits ou de légumes à votre alimentation.

3 **MÉFIEZ-VOUS DES RÉGIMES FANTAISISTES.** La publicité de certains produits ou de certains régimes vous promet des miracles. La plupart du temps, cependant, ces régimes ou ces produits comportent des carences en nutriments essentiels et entraînent un déséquilibre alimentaire. Parlez-en à votre médecin avant de les essayer !

4 **BOUGEZ !** La pratique régulière d'un exercice modéré entraîne une augmentation du métabolisme de base, ce qui permet de brûler davantage de calories. Si vous souhaitez perdre efficacement du poids, vous devez augmenter votre activité physique. Faites de l'exercice, si possible, 30 minutes par jour. Tout exercice supplémentaire, même s'il n'est pas de nature sportive, est bon. Marchez un peu plus, pour aller chercher le journal ou pour aller promener le chien. Prenez les escaliers plutôt que l'ascenseur et stationnez votre voiture un peu plus loin pour vous rendre à pied au travail.

CONSEILS GÉNÉRAUX

5 **TENEZ UN CARNET ALIMENTAIRE.** Notez, jour après jour, tout ce que vous mangez, même si vous faites des écarts. Ce carnet vous permettra de dresser un bilan de votre régime. Respectez-vous les quantités de lipides, glucides et protides dont vous avez besoin pour maigrir ou conserver votre ligne ? Comprenez-vous ce qui vous conduit à dévier de temps à autre de vos objectifs ?

6 **APPRENEZ À LIRE LES ÉTIQUETTES.** Au supermarché, prenez le temps de lire les étiquettes des produits que vous achetez. Vous pourrez connaître leur composition en glucides, lipides, protides, vitamines, etc. Souvent, le nombre global de calories y est aussi indiqué. Cela vous aidera à choisir judicieusement les aliments que vous consommerez, et vos objectifs seront d'autant plus faciles à atteindre.

7 **ÉVITEZ LES REPAS SUR LE POUCE.** En mangeant à toute vitesse, sur le coin du comptoir par exemple, vous risquez d'ingurgiter plus de nourriture que si vous preniez le temps de mettre la table et de savourer chaque bouchée de votre repas. De la même façon, quand vous placez vos croustilles dans un joli bol, vous risquez moins de vider le sac. Les établissements de restauration rapide vous entraînent également à manger rapidement et offrent une nourriture riche en matières grasses. Préférez-leur un repas maison constitué d'un sandwich à la dinde maigre sur pain de blé entier, servi avec des carottes crues. Vous n'aurez plus peur d'arriver en retard au travail à l'heure du midi et votre digestion s'en trouvera favorisée.

8 **CONSERVEZ UNE ALIMENTATION VARIÉE.** Il importe en tout temps, régime amaigrissant ou non, de conserver une alimentation très variée. Ne suivez pas un régime qui exclut entièrement une catégorie d'aliments. Les carences qui en résulteraient pourraient provoquer des problèmes de santé.

9 **PRENEZ DES PORTIONS PLUS PETITES.** Plutôt que de renoncer complètement à vos aliments favoris, mangez-en de plus petites portions. Servez-en aussi moins souvent, mais ne vous en privez pas entièrement de manière à vous éviter d'inutiles frustrations. Il pourra être utile aussi, pendant les premières semaines d'un régime, de mesurer vos portions d'aliments. Vous serez ainsi certain de ne pas dépasser les quantités souhaitables. Au restaurant, où l'on sert de grosses portions, éloignez la tentation en mettant de côté le tiers de votre assiette. Apportez le reste pour vous faire un lunch le lendemain.

10 ÉVITEZ DE MANGER OU DE BOIRE EN REGAR-DANT LA TÉLÉVISION. Même si vous devriez oublier le plus possible le téléviseur, afin de vous adonner plutôt à une activité physique, il peut arriver qu'il vous offre de bons moments de détente. Dans ce cas, évitez de grignoter ou de prendre des boissons sucrées ou alcoolisées en regardant la télé. Les calories excédentaires que vous donnent ces produits ne seront pas brûlées pendant que vous êtes passif, mais risquent de s'accumuler dans l'organisme sous forme de graisses. N'oubliez pas : une bonne hygiène de vie est essentielle pour maigrir ou garder la ligne. Les bienfaits sur la santé valent bien quelques petites concessions. Si vous ne pouvez réfréner votre fringale devant le téléviseur, optez pour des fruits et un verre d'eau, ou préparez du maïs soufflé à l'air chaud sans y ajouter de beurre.

11 PRÉVOYEZ VOS MENUS. Un peu d'organisation vous évitera de succomber à la tentation. Prévoyez quelques menus, il sera plus facile de résister aux comportements impulsifs. Établissez également un ordre pour manger. Commencez le repas avec une salade verte ou des légumes. Cela vous remplira l'estomac sans vous charger de calories inutiles.

12 MANGEZ PLUS SOUVENT. Les spécialistes suggèrent de manger fréquemment : au moins trois repas par jour et deux ou trois collations à basse densité calorique. Il importe de satisfaire sa faim, mais en choisissant les bons aliments. Une faim non rassasiée vous conduira à succomber devant des plats alléchants mais riches en calories. Si la plupart de vos repas sont bas en calories, tout en demeurant satisfaisants, vous réussirez à perdre du poids. Basez vos repas sur les céréales à grains

CONSEILS GÉNÉRAUX

entiers, les fruits et légumes, et les légumineuses. Ajoutez ensuite des viandes maigres et des produits laitiers à faible teneur en gras.

13 **SOYEZ POSITIF ET DÉTENDEZ-VOUS.** On compense souvent le manque d'estime de soi en mangeant davantage. Apprenez à vous aimer, changez votre coiffure, achetez des vêtements qui vous avantagent. D'autres personnes se goinfrent sous l'effet du stress. Prenez le temps de vous détendre ou payez-vous un massage. Enfin, une attitude positive face à la vie augmentera votre estime personnelle et vous permettra d'évacuer naturellement la pression. Sans avoir à manger pour le faire...

14 **NE VOUS ISOLEZ PAS.** Si vous choisissez de suivre un régime, ce n'est pas une raison pour refuser les invitations à dîner. Il vaut mieux se permettre un petit écart de temps à autre et mener une vie satisfaisante. Ce qui compte, ce sont les bonnes habitudes à long terme, celles qui vous rapporteront beaucoup.

15 **DONNEZ-VOUS DU TEMPS.** Vous ne pourrez pas atteindre vos objectifs en une seule journée. La route qui y mène peut aussi être sinueuse. Prenez le temps qu'il faut pour perdre les kilos superflus. Si vous trichez occasionnellement, ne perdez pas de vue le but que vous vous êtes fixé. Chaque pas vous rapproche de celui-ci. Il faut du temps pour parvenir à changer ses habitudes. C'est comme si vous deviez apprendre une nouvelle langue. Faire des phrases correctes demande un certain temps d'apprentissage. À chaque jour qui passe, pourtant, vous faites un pas de plus dans votre programme...

10 SEMAINES POUR AMÉLIORER VOTRE FORME

Intégrez progressivement les éléments suivants dans votre routine

	Semaines 1 et 2	Semaines 3 et 4	Semaines 5 et 6	Semaines 7 et 8	Semaines 9 et 10
Activité physique	10 min*. de marche 3-5 fois / sem.	15 min*. de marche 3-5 fois / sem.	15 min*. de natation 3 fois / sem.	15-20 min*. de natation 3-5 fois / sem.	Essayez la bicyclette*
Alimentation	Diminuez ou supprimez les aliments riches en sucre	Diminuez les matières grasses	Mangez plus de légumes et de fruits	Produits céréaliers à grains entiers	Mangez plus de légumineuses
Relaxation	3 séances de 5 min.	3 séances de 10 min.	3-5 séances de 10 min.	3-5 séances de 10 à 20 min.	5 séances de 20 minutes
Conseils généraux	Tenez un carnet alimentaire	Apprenez à lire les étiquettes	Évitez les boissons gazeuses	Évitez de manger (ou boire) en regardant le téléviseur	Donnez-vous du temps

Reportez-vous aux rubriques concernées pour en connaître davantage sur les suggestions de ce tableau. Certaines précautions peuvent s'avérer nécessaires. N'oubliez pas de remplir le questionnaire Q-AAP (p. 11) avant d'entreprendre un programme d'activité physique.

* Si votre objectif est de perdre du poids, une activité physique d'intensité moyenne devra durer un minimum de 30 minutes.

Attendre un enfant

Attendre un enfant est un moment excitant dans la vie d'une femme. Il est important pour elle d'être le plus en forme possible. Traverser cette période faite de joie, mais aussi d'inquiétude, demande une grande énergie. Pour le bien de la mère et de son enfant, une bonne hygiène de vie est nécessaire.

Si vous êtes enceinte, il peut être utile que vous apportiez des changements à votre régime de vie. Les médecins considèrent même que les deux parents doivent être en bonne santé et prendre de bonnes habitudes pendant les mois qui précèdent une grossesse. Si vous n'avez pu mettre les préceptes médicaux en application durant cette période, ne vous en faites pas. Il est toujours temps d'adopter un mode de vie sain pour terminer votre grossesse en beauté.

Bien des choses ont changé à la fin du XXe siècle. Les femmes qui sont enceintes continuent parfois de se rendre au travail jusqu'à deux semaines avant la naissance. Les spécialistes ont montré l'importance d'une activité physique douce et d'une bonne alimentation pour passer une bonne grossesse. Ils recommandent également de délaisser l'alcool, le tabac et les autres drogues.

Les conseils que vous trouverez dans ce chapitre ne comptent nullement remplacer une surveillance médicale adéquate. Ils attireront simplement votre attention sur certaines habitudes saines et vous donneront des pistes pour améliorer votre forme physique et psychologique tout en tenant compte de l'enfant qui se développe en vous. N'oubliez pas que, pendant la grossesse, la femme enceinte voit sa vie transformée.

Votre programme de remise en forme

Ce chapitre vous présentera les transformations que subit le corps pendant la grossesse. Ces transformations peuvent causer un inconfort. Un programme d'exercices spécifiques vous permettra de retrouver la forme et soulagera vos petits malaises. Des recommandations sur l'activité physique vous guideront ensuite pour en tirer tous les bénéfices.

La mère qui s'alimente nourrit également son enfant. Certains nutriments assurent le bon développement du fœtus et vous garderont en santé. Nous dresserons la liste des aliments indispensables pour vivre une bonne grossesse. La relaxation, qui permet de chasser les tensions physiques et psychologiques, est particulièrement importante pour vous permettre de conserver votre énergie et de l'utiliser à bon escient. Nous vous proposerons quelques techniques simples et utiles. Des conseils généraux vous présenteront finalement les trucs essentiels pour rester en forme durant votre grossesse.

Une bonne forme pendant la grossesse vous permet de mieux récupérer après la naissance de votre enfant et de profiter pleinement de ses premiers ébats. Il est aussi reconnu qu'une mère en bonne santé accouche, généralement, d'un enfant en bonne santé. Une mère et un bébé en forme connaîtront des moments magiques qui récompenseront largement les petits efforts consentis.

ACTIVITÉ PHYSIQUE

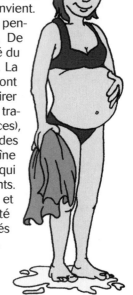

Le mode de vie de la femme enceinte a une forte incidence sur la santé du bébé. Les spécialistes recommandent aux femmes d'améliorer leur condition physique avant une grossesse. Si vous êtes déjà enceinte, il n'est pas trop tard pour retrouver la forme et faire une activité physique qui vous convient. L'exercice offre les mêmes avantages pendant la grossesse qu'avant celle-ci. De manière générale, il améliore la santé du cœur, des poumons et des muscles. La plupart des femmes enceintes pourront continuer à faire de l'exercice et à en tirer des bénéfices. Elles pourront aussi travailler (si les conditions sont propices), voyager, prendre des bains et avoir des rapports sexuels. La grossesse entraîne des changements physiologiques qui causent parfois de petits désagréments. Nous allons les survoler rapidement et regarder ensuite comment l'activité physique et des exercices appropriés peuvent les prévenir ou les soulager.

PREMIER TRIMESTRE. *Les modifications hormonales qui surviennent durant les trois premiers mois causent de la fatigue, des nausées et une grande émotivité. L'organisme est particulièrement sollicité. Évitez le surmenage et reposez-vous. Les changements hormonaux ralentissent souvent le transit intestinal et causent de la constipation. Vous ressentirez aussi plus souvent le besoin d'uriner. Assurez-vous d'avoir un accès facile aux toilettes dans les endroits que vous fréquentez. Des pertes vaginales plus abondantes peuvent entraîner une irritation locale. Les saignements vaginaux doivent être signalés au médecin.*

DEUXIÈME ET TROISIÈME TRIMESTRES. *D'autres changements apparaissent après la 12e ou la 14e semaine. Fatigue et nausée ont disparu. Vos cheveux sont brillants et votre peau est claire. Vous débordez d'énergie ! L'exercice physique contribuera à maintenir votre entrain et votre énergie. Au fur et à mesure que le bébé se développe, vous remarquerez un changement dans votre équilibre et votre posture, ce qui favorise les pertes d'équilibre. Le sang s'accumulera dans les jambes, ce qui peut provoquer des crampes et la formation de varices. Les exercices qui tonifient les jambes et facilitent le retour veineux vous éviteront ces désagréments. Vos dents peuvent souffrir d'un manque de calcium, utilisé en grande partie par le bébé pour former ses os. Pour se préparer à l'allaitement, les seins s'alourdissent. Portez un soutien-gorge confortable et bien adapté. Durant les trois derniers mois, vous ressentirez de nouveau la fatigue et verrez votre rythme respiratoire se modifier. Une respiration profonde vous gardera vigoureuse et apportera suffisamment d'oxygène au bébé. Douleurs lombaires et hémorroïdes sont des malaises qui peuvent également survenir.*

Les bienfaits de l'activité physique. Dans le cas d'une femme enceinte, l'exercice modéré est particulièrement indiqué. Il aide à augmenter le tonus musculaire, à améliorer la circulation sanguine, à prévenir la constipation et à réduire le stress. Les conséquences bénéfiques de l'activité physique sont de prévenir les varices, de soulager le mal de reins, de maintenir la capacité physique en général et de préparer votre corps pour l'accouchement. L'exercice peut aussi réduire ou éliminer le besoin d'insuline chez la femme qui souffre de diabète gestationnel. Il semblerait, en outre, qu'une activité physique aérobique régulière ait des effets bénéfiques sur le développement du fœtus. La récupération après l'accouchement sera finalement plus rapide chez les femmes qui sont en forme.

Recommandations et précautions. Consultez votre **MÉDE-CIN** avant d'entreprendre un programme d'activité physique. Vous obtiendrez de meilleurs résultats en faisant de l'exercice régulièrement et non pas sporadiquement. Prenez le temps de vous réchauffer avant chaque séance d'exercice et terminez-la par une période de relaxation. Il est important de prendre beaucoup de liquides avant, pendant et après la période d'exercice. Ne pratiquez aucun sport à des températures extrêmes. Votre rythme cardiaque ne devrait jamais excéder 130 battements/minute. Cessez l'exercice si vous vous sentez fatiguée ou si vous avez des contractions. Ne commencez jamais un exercice lorsque vous êtes à jeun, mais idéalement une à deux heures après un repas ou une collation. Vous devriez en outre être capable de discuter lorsque vous faites de l'exercice. Évitez tout sport pouvant causer un traumatisme abdominal comme le ski alpin, l'équitation, les sports de contact, etc. Il vaut mieux éviter les exercices qui consistent à sauter et à rebondir. Évitez aussi tout exercice en solitaire et ceux que le médecin vous déconseille. Parmi les activités recommandées, on retrouve la **MAR-CHE,** la **NATATION,** la **DANSE,** les cours de **GYMNASTIQUE** pour femmes enceintes et les exercices de **RELAXATION.**

NATATION. Une bonne forme physique facilitera votre accouchement et vous permettra de vivre pleinement vos mois de grossesse. La natation active la circulation sanguine, accroît les capacités cardiaques et facilite la respiration. L'eau supporte le corps et délivre la femme enceinte de sa pesanteur, ce qui soulage les articulations et facilite le relâchement de la colonne vertébrale. Le milieu aquatique permet une plus grande ampleur de mouvements qui favorise la détente des muscles. Des cours de natation ou d'aquaforme destinés aux femmes enceintes sont souvent proposés dans les piscines municipales et certaines institutions scolaires. Consultez le guide d'activités de votre quartier.

GYMNATIQUE DOUCE. Elle constitue un choix intéressant pour retrouver la forme en douceur et peut s'associer à une préparation à l'accouchement. Préférez les séances d'une vingtaine de minutes, deux ou trois fois par semaine, plutôt qu'un cours d'une heure. N'oubliez pas de vous réchauffer quelques minutes avant de commencer les exercices. Évitez toutefois les étirements excessifs, car les ligaments sont plus fragiles pendant la grossesse. Certains centres proposent des cours de gymnastique pour femmes enceintes.

MARCHE. N'oubliez pas que vous faites du sport pour votre forme et non pour votre silhouette ! Il est normal d'engraisser pendant la grossesse. Si vous n'étiez pas sportive, ce n'est pas le temps de commencer une activité intense. Outre les activités mentionnées précédemment, qui sont souvent adaptées pour les femmes enceintes de n'importe quelle forme physique, la marche est particulièrement indiquée. Elle peut être pratiquée pendant toute la grossesse, y compris par les femmes moins sportives. La marche favorise une bonne circulation sanguine, oxygène l'organisme et aiguise le sens de l'équilibre. N'hésitez pas à demander conseil à votre médecin pour trouver un programme d'exercices adapté à votre cas.

Des exercices à faire à la maison

La femme qui demeure active pendant sa grossesse en tirera de grands bénéfices. Tout lui sera facilité : l'accouchement et la récupération. Quelques exercices peuvent être faits à la maison pour diminuer les malaises courants de la grossesse. Ils visent à vous donner une position correcte, un bon tonus pour éviter les douleurs lombaires et une musculature adéquate pour équilibrer le déplacement du centre de gravité. Adaptez-les à vos formes, qui changeront au cours de la croissance du fœtus, et cessez tout exercice s'il est pénible ou douloureux.

❶ **POSTURE.** Une bonne posture est importante pour éviter les douleurs lombaires. En position debout, les jambes collées et les bras le long du corps, serrez vos abdominaux pour redresser la colonne vertébrale. Rentrez les fesses et baissez les épaules. Relâchez. Recommencez 4 fois.

❷ **SOULÈVEMENT D'UN POIDS.** Si vous avez déjà de jeunes enfants à la maison, il est important d'apprendre à ne pas blesser votre dos lorsque vous soulevez une charge. Posez un bottin téléphonique sur le sol. Accroupissez-vous pour le prendre. Soulevez-le en gardant le dos bien droit. Reposez-le de la même manière. Recommencez 4 fois.

❸ **ROTATION DU BUSTE.** Asseyez-vous en tailleur. En gardant le dos bien droit, saisissez votre genou gauche avec la main droite. Puis faites pivoter l'épaule droite et le cou comme pour regarder par-dessus l'épaule gauche. Revenez à la position initiale. Faites la même chose vers la droite. Recommencez 4 fois de chaque côté.

❹ **BASCULE DU BASSIN.** Allongez-vous à plat sur le dos. Pliez les genoux. L'exercice consiste à soulever le pubis en basculant le bassin. Contractez les fesses pour garder la position quelques secondes. Relâchez. Répétez 4 fois. Cet exercice aide à maintenir un bon alignement corporel et à éviter les douleurs lombaires. À pratiquer avec précaution particulièrement lors du dernier trimestre.

❺ **ROTATION DU TRONC.** En position debout, écartez les jambes, penchez-vous un peu vers l'avant en plaçant les mains sur les genoux, pouces vers l'intérieur. En gardant les mains sur les genoux, poussez l'épaule droite vers le bas et tournez légèrement la tête comme si vous vouliez regarder par-dessus l'épaule gauche. Reprenez la position de départ. Faites la même chose vers la droite. Recommencez 4 fois.

❻ **MARCHE SUR PLACE.** Encore debout, soulevez le genou

et le talon droits en gardant le bout du pied sur le sol. La jambe gauche demeure tendue. Faites porter votre poids d'un pied à l'autre, comme si vous marchiez. Le bout des pieds ne quitte cependant jamais le sol. Faites une dizaine de pas.

❼ HANCHES. Toujours debout, jambes écartées et genoux légèrement fléchis, placez vos mains sur vos hanches, les pouces vers l'arrière. Décrivez de grands cercles avec le bassin dans un sens puis dans l'autre. Faites cinq cercles dans chaque sens.

ALIMENTATION

Le choix des aliments pendant la grossesse est très important pour vous éviter des malaises et pour le bon développement de l'enfant. Les carences nutritionnelles ont en effet des répercussions sur le développement fœtal. Le gain de poids ne devrait pas vous inquiéter et vous ne devez absolument pas vous priver de manger. Habituellement, les kilos excédentaires disparaissent après l'accouchement et la fin de l'allaitement.

Essayez d'adopter un rythme alimentaire régulier. L'idéal est de prendre chaque jour trois repas égaux sur le plan énergétique, et de les compléter par deux collations légères. En fonction de votre taille et de vos besoins particuliers, les surplus énergétiques qui vous seront nécessaires durant la grossesse représentent 1 500 calories par jour pendant le premier trimestre, et 3 500 calories par jour durant les deuxième et troisième trimestres.

Il est également important de respecter l'équilibre alimentaire avec un apport suffisant de protides, de glucides et de lipides. Vous devrez peut-être prendre des suppléments alimentaires contenant du fer ou de la vitamine D, mais ne le faites que sur l'avis de votre **médecin**. Ne prenez pas n'importe quelle vitamine sans l'avoir d'abord consulté !

GAIN DE POIDS DURANT VOTRE GROSSESSE. Une prise de poids de 9 à 12 kilogrammes est tout à fait normale pendant la grossesse. Ils se répartissent de la façon suivante : 3 à 4 kilos pour le bébé ; plus de 400 grammes pour les glandes mammaires ; 500 à 700 grammes pour le placenta ; 700 à 800 grammes pour le liquide amniotique ; plus d'un kilo pour le volume sanguin supplémentaire ; plus d'un kilo de rétention d'eau ; et de 3 à 4 kilos de réserve graisseuse qui sera utilisée pendant l'allaitement. À l'accouchement, la femme perd de 5 à 6 kilos. Elle perd de 2 à 3 kilos lorsqu'elle retourne à la maison. Les derniers kilos disparaissent habituellement au cours des mois suivants, notamment grâce à l'allaitement. Il faut respecter le rythme de ce processus d'amaigrissement et ne pas chercher à l'accélérer.

ALIMENTAITON

PROTÉINES. L'apport conseillé en protéines chez la femme enceinte est de 70 grammes par jour. Il est important de combiner protéines animales et végétales. Les personnes végétariennes doivent consulter leur médecin à ce sujet.

GLUCIDES. Le métabolisme des glucides est modifié pendant la grossesse. Les glucides, une grande source d'énergie, constituent l'essentiel de l'alimentation du fœtus. Privilégiez les sucres lents (féculents, céréales, pain, légumineuses) et répartissez-les au cours des repas de la journée. Les sucres à ingestion lente sont particulièrement indiqués le matin parce que les risques d'hypoglycémie sont plus importants après le jeûne nocturne.

LIPIDES. Les lipides contribuent aux apports énergétiques. Il faut s'assurer de leur contenu en acides gras essentiels, indispensables au bon développement des tissus nerveux du fœtus.

Des nutriments importants pour la grossesse

Pendant votre grossesse, l'alimentation est primordiale : vos besoins en nutriments sont accrus et vous devez éviter les carences. Cela assurera le bon déroulement de votre grossesse et le développement sans problème du fœtus. Voici une liste de nutriments indispensables et des aliments à privilégier :

❶ **CALCIUM.** Les besoins en calcium de la femme enceinte augmentent d'environ 1 200 mg par jour. Le calcium est essentiel pour la construction du squelette du bébé, surtout dans les trois derniers mois. S'il n'en reçoit pas suffisamment, il se servira dans les réserves de la mère. La consommation de calcium protège la femme des risques d'hypertension artérielle. Le calcium enrichit également le lait maternel à venir. Il jouerait même un rôle dans la prévention de la dépression post-partum. Faites une ample provision de produits laitiers : **LAIT, YOGOURT, FROMAGE,** etc.

❷ **VITAMINE D.** Elle facilite l'absorption du calcium et se trouve dans les **POISSONS GRAS** (thon, sardines, saumon), le **FOIE**, les **ŒUFS** et dans les **PRODUITS LAITIERS.** Elle se trouve également sur le balcon, puisqu'on la stocke principalement en prenant un peu de soleil. Une carence en vitamine D est fréquente à la fin de la grossesse et favorise les hypocalcémies néonatales. Un supplément de vitamine D pourra être prescrit par votre médecin.

❸ **FER.** Les besoins en fer de la mère augmentent, surtout au cours des deux derniers trimestres de la grossesse. Un apport quotidien de 30 à 50 mg sera nécessaire. Une carence en fer cause l'anémie. Celle-ci augmente les risques d'accouchement prématuré et d'hypotrophie fœtale. Un apport suffisant en fer est donc indispensable à la fin de la grossesse. Vous en trouverez dans les **LÉGUMINEUSES**, les **ŒUFS**, le **POISSON** et la **VIANDE.**

❹ **ACIDE FOLIQUE.** Beaucoup de femmes ont un taux très bas d'acide folique (vitamine B^9) dès le début de la grossesse. La carence en acide folique augmente les risque de naissance prématurée et de retard de croissance fœtale. Des études montrent qu'un apport adéquat d'acide folique diminue le risque d'anomalies du tube neural chez le fœtus. Les **légumes verts** sont particulièrement riches en vitamine B^9.

❺ **ACIDES GRAS ESSENTIELS.** Les femmes enceintes doivent consommer quotidiennement des quantités suffisantes d'acide lionoléique et d'acide gras oméga-3. Ce dernier est essentiel au bon développement des fonctions nerveuses et visuelles du fœtus. On trouve ces acides gras dans les **poissons gras,** certains **légumes verts feuillus,** les **noix** et les **huiles végétales** (soya et canola).

❻ **POTASSIUM.** Ajoutez des **BANANES,** des **ABRICOTS** et du **JUS D'ORANGE** à votre régime. Ils sont riches en potassium. Celui-ci permet de lutter contre les crampes, qui sont courantes pendant la grossesse.

RELAXATION

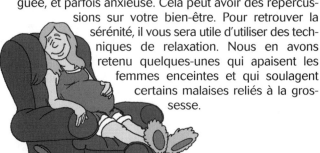

Quand vous attendez un enfant, votre organisme est extrêmement sollicité. Vous vous sentez facilement fatiguée, et parfois anxieuse. Cela peut avoir des répercussions sur votre bien-être. Pour retrouver la sérénité, il vous sera utile d'utiliser des techniques de relaxation. Nous en avons retenu quelques-unes qui apaisent les femmes enceintes et qui soulagent certains malaises reliés à la grossesse.

RELAXATION

La respiration profonde

Respirer est un besoin vital. La respiration joue un rôle de premier ordre dans une remise en forme, de même que dans le déroulement d'une bonne grossesse. Pour retrouver le souffle et un apport optimal d'oxygène, vous devez privilégier les inspirations profondes, qui remplissent l'abdomen. Inspirer abaisse le diaphragme. Le mouvement de va-et-vient de celui-ci, produit par la respiration profonde, entraîne un massage des organes abdominaux. Expirer doucement provoque un relâchement musculaire, propice à une détente profonde. Outre l'apaisement qu'elle suscite, une bonne gymnastique respiratoire, pratiquée de façon régulière, favorise la régression de troubles comme les vertiges, les nausées et les palpitations qui apparaissent au premier trimestre de la grossesse. Enfin, les bénéfices de la respiration profonde sont particulièrement importants au dernier trimestre, puisqu'ils permettent d'atténuer l'essoufflement et les malaises qui découlent d'une respiration plus difficile.

❶ Choisissez un moment et une pièce tranquilles. Asseyez-vous ou allongez-vous confortablement.

❷ Inspirez lentement par le nez. Si vous êtes congestionnée, inspirez par la bouche, en la gardant légèrement entrouverte.

❸ Essayez d'imaginer l'air qui entre et qui circule dans vos poumons. Laissez votre ventre et votre poitrine se gonfler d'air. Il faut que vous ayez l'impression d'être remplie d'air.

❹ Retenez votre respiration quelques secondes tout en demeurant immobile. Cela facilitera les échanges gazeux et l'oxygénation du corps.

❺ Ensuite, expirez lentement en essayant de relâcher tous les muscles de votre corps. Essayez d'expulser tout l'air de vos poumons.

❻ Recommencez sans vous presser.

❼ Après quelques respirations, vous devriez commencer à être détendue. Il vous sera d'autant plus facile de respirer profondément.

❽ Faites encore quelques respirations avant de vous arrêter. Pratiquez cette technique régulièrement et essayez d'augmenter le nombre de vos respirations à chaque séance. Quand vous êtes bien détendue, faites une petite pause avant de retourner à vos activités habituelles.

DÉCONTRACTEZ-VOUS. Pour détendre vos muscles, soulager vos crampes et vos douleurs lombaires, la relaxation musculaire est une technique efficace. Elle implique de serrer puis de relâcher chaque groupe de muscles de votre corps. Procédez dans une position horizontale confortable. Commencez en plissant le front ou en pointant les orteils, le but étant de faire travailler les groupes musculaires successivement, en montant ou en descendant d'un bout à l'autre du corps. Arrivée à la fin, détendez-vous et jouissez de la libération de tension quelques instants. Relevez-vous lentement pour éviter les étourdissements. **(Pour en savoir plus sur la RELAXATION MUSCULAIRE PROGRESSIVE, voir page 29).**

RELAXATION

DES MAINS QUI SOULAGENT. Le contact d'une peau contre une autre est une source de bien-être. Selon des chercheurs, le toucher serait même au cœur des relations sociales. Le poids de la grossesse affecte votre posture, ce qui peut entraîner des maux de dos, des migraines et des crampes aux mollets. Demandez à votre conjoint de caresser les endroits douloureux ou toute zone de votre épiderme qui vous semble agréable. Les caresses auraient le pouvoir de soulager les douleurs, de réduire le stress et de combattre les états dépressifs. Ce massage léger favoriserait la sécrétion d'ocytocine et d'endorphine, qui génèrent bien-être et détente. Une autre technique simple, la relaxation tactile, consiste à déterminer quelles régions du corps sont tendues. Ce peut être les tempes, la mâchoire, les poings, etc. Découvrez ces points sensibles en les tâtant chez votre conjoint, puis faites de même pour vous. Dans certains pays, comme le Japon, la Thaïlande, l'Inde ou la Chine, on a compris le pouvoir médical du toucher. Les techniques de massage, comme le shiatsu, sont utilisées comme des thérapies à part entière. Un massage peut contribuer à soulager les douleurs de la grossesse, de même que celles du travail, le moment venu. Retenez les services d'un professionnel ou demandez le secours de votre conjoint. Une bonne position pour le massage consiste à vous coucher sur le côté en pliant la jambe du dessus au niveau du genou. Appuyez-vous ensuite vers l'avant sur un oreiller ou un coussin. Il faut éviter de masser le ventre d'une femme enceinte, il peut néanmoins être caressé. Si la chaleur d'une main, d'un contact humain vous apaise, ne négligez surtout pas le pouvoir des caresses ! **(Pour en savoir plus sur les MASSAGES, voir page 56).**

DES IMAGES QUI RÉCONFORTENT. La visualisation permet aux femmes, par l'utilisation de pensées et de souvenirs, de se détendre ou d'atteindre des objectifs. Il s'agit de mettre à profit les images que produit votre esprit pour gérer votre réalité physique. Comment est-ce possible ? Rappelez-vous comment le fait d'imaginer un aliment savoureux, un gâteau sortant du four par exemple, peut stimuler votre esprit et vous faire saliver. Utilisez cette technique durant votre grossesse pour obtenir un sentiment de paix et de sécurité en visualisant un endroit parfaitement agréable, issu de vos souvenirs ou de votre imagination. Pendant l'accouchement, visualiser des images qui évoquent une ouverture, comme l'éclosion d'une fleur ou des cercles concentriques à la surface de l'eau, pourrait faciliter l'évolution du travail. **(Pour en savoir plus sur la VISUALISATION, voir page 58).**

QUINZE CONSEILS
POUR BIEN VIVRE SA GROSSESSE

1 PRENEZ VOS AISES. Pendant le deuxième trimestre de votre grossesse, commencez à porter des vêtements amples et confortables. Choisissez-les si possible en fibres naturelles, afin que les vêtements respirent. Le fait d'éviter de porter des vêtements serrés permettra aussi de ne pas entraver la circulation veineuse de retour. Les recherches montrent que les élastiques autour de la taille peuvent être inconfortables et que des bas trop serrés ou des souliers qui montent sur les chevilles peuvent entraver la circulation veineuse, entraîner la formation de varices ou aggraver l'état de varices déjà existantes. Les souliers à talons hauts accentuent la courbure du dos et aggravent les douleurs lombaires. Vous devriez plutôt porter une chaussure confortable et qui s'ajuste bien au pied. Il ne faut pas oublier que les vêtements contribuent souvent au bien-être de la femme en améliorant son apparence. Si vous le pouvez, n'hésitez pas à vous procurer des vêtements de maternité ou à faire modifier certains vêtements que vous possédez déjà.

2 CIRCULEZ ! Ne restez pas trop longtemps immobile en position assise et évitez de croiser vos jambes au niveau des genoux. Évitez également de rester trop longtemps debout sans bouger. Vous déplacer en marchant rétablira un bon retour veineux dans les membres inférieurs et pourra atténuer un problème de varices ou y remédier. Cela pourra aussi avoir un effet bénéfique sur l'œdème des chevilles associé aux varices. Les varices sont causées par une faiblesse des parois veineuses ou par un mauvais fonctionnement des valvules. La grossesse entraîne des conditions propices à l'apparition de varices. Le volume utérin

CONSEILS GÉNÉRAUX

comprime les vaisseaux abdominaux et rend le retour veineux plus difficile, ce qui favorise la formation de varices. Celles-ci causent une douleur et une fatigue dans les membres inférieurs. De bonnes mesures préventives vous éviteront d'en souffrir.

3 **DES ACTIVITÉS PHYSIQUES DOUCES.** Pendant la grossesse, les spécialistes recommandent de faire de l'exercice au moins 3 ou 4 fois par semaine. Les activités doivent être faites avec prudence et douceur. Avant d'entreprendre un programme d'exercices, parlez-en à votre médecin. Si vous n'avez jamais été sportive, la grossesse n'est pas le bon moment pour commencer une activité physique intense. Certaines femmes bien entraînées peuvent par contre continuer à pratiquer leur sport jusqu'à un stade avancé de la grossesse. Les autres devraient éviter tout sport fatigant ou violent. De façon générale, une marche tous les jours est excellente. La natation est une activité particulièrement recommandée, puisque l'eau supporte une partie du poids de la nageuse et soulage les muscles qui sont davantage sollicités par la grossesse. Certaines gymnastiques douces renforcent les muscles et donnent de la souplesse aux articulations. Les bienfaits de l'activité physique sont multiples pour la femme enceinte ; elle prévient entre autres la constipation et améliore la circulation sanguine. Pendant l'exercice, la prudence est de mise et vous ne devez jamais dépasser vos capacités.

4 **UNE BONNE POSTURE.** Pensez à votre posture, au cours de la journée, afin de ne pas trop cambrer votre dos. Plusieurs femmes souffriront de douleurs lombaires au cours de leur grossesse. En grossissant, le fœtus étire les muscles abdominaux. Son poids entraîne une inclinaison de la partie antérieure du bassin, ce qui provoque une accentuation de la courbure de la colonne vertébrale. Si vous n'apprenez pas à corriger cette courbure, la pression sur les muscles et les ligaments causera des douleurs lombaires. L'exercice de la bascule du bassin aide à maintenir un bon alignement corporel (voir page 95). Pour ne pas causer de douleur supplémentaire, ne déplacez pas des objets trop lourds et évitez les longs trajets en automobile.

5 **HYDRATEZ VOTRE PEAU.** Une bonne hydratation de l'épiderme, à l'aide de crèmes appropriées ou d'huile d'amande douce, permet de lutter contre l'apparition de vergetures. Celles-ci résultent de l'étirement et de la rupture des fibres élastiques de la peau. À mesure que l'utérus s'agrandit pendant la grossesse, il exerce une pression sur le tissu conjonctif de l'abdomen et du siège, ce qui peut entraîner l'apparition de vergetures sous forme de lignes rougeâtres, irrégulières et ondulées. Même si ce phénomène ne touche habituellement que la moitié des femmes enceintes, ne négligez pas d'utiliser des produits pouvant entretenir et améliorer l'élasticité de votre peau.

6 **RAFRAÎCHISSEZ-VOUS.** Pendant votre toilette, aspergez vos mollets et vos cuisses d'eau fraîche, ce qui peut diminuer l'effet de lourdeur. En vacances, marchez dans l'eau fraîche d'un cours d'eau jusqu'aux genoux. La femme enceinte peut prendre un bain tous les jours, sauf peut-être en présence de saignements vaginaux. Parce que la transpiration et les pertes vaginales augmentent durant la grossesse, le bain a un effet revivifiant. Il convient d'être prudente, car la grossesse peut perturber le sens de l'équilibre. L'utilisation d'un tapis en caoutchouc au fond de la baignoire et de poignées pour s'agripper est fortement recommandée. Il ne faut surtout pas prendre de bain trop chaud, qui peut causer ou aggraver des varices.

7 **UN BON TRANSIT.** Il est recommandé de consommer votre ration quotidienne maximale de fruits et de légumes, surtout frais. La présence de fibres dans les fruits et les légumes frais améliore le transit intestinal et permet de contrer la constipation. Ils sont également riches en vitamines nécessaires au bon développement du fœtus. La constipation peut indisposer la femme au cours des deuxième et troisième trimestres de la grossesse. Elle est causée, entre autres, par le déplacement des intestins entraîné par la croissance du fœtus. La constipation favorise l'apparition d'hémorroïdes. Celles-ci sont des varices qui se forment à l'anus et au rectum et qui sont provoquées la plupart du temps par l'effort de défécation fait par une personne constipée. Augmenter sa consommation d'eau aide aussi à retrouver un fonctionnement intestinal normal.

CONSEILS GÉNÉRAUX

8 DORMEZ BIEN. N'oubliez pas que, pour rester en forme, vous devez dormir suffisamment et dans de bonnes conditions. Vous ressentirez un besoin de sommeil accru au cours de votre grossesse, surtout pendant le premier et le troisième trimestre. Si vous n'êtes pas suffisamment reposée, votre résistance sera diminuée. La quantité de sommeil recommandée est de 8 heures par nuit, en plus de périodes de repos et de relaxation durant la journée. Il est plus difficile de s'endormir au dernier trimestre, à cause de la grosseur de l'abdomen, des mouvements du fœtus, des besoins fréquents d'uriner et de la difficulté à trouver une position confortable. Certaines tisanes (valériane, tilleul) peuvent vous aider à trouver le sommeil. Des techniques de détente vous aideront également à atteindre un état d'esprit propice au sommeil. La plus efficace consiste à contracter et à relâcher des groupes de muscles, en travaillant progressivement des pieds jusqu'à la tête (voir page 29).

9 LES VISITES PRÉNATALES. Un suivi médical est pratiquement indispensable pendant la grossesse. Il permet de mesurer la santé de la mère et de s'assurer de sa bonne forme. Il contribue également à éviter certaines complications. Il permet enfin de valider le bon développement du bébé. Le médecin pourra demander différents examens, comme l'échographie, pour y parvenir. Une première visite médicale, c'est l'occasion pour le médecin de connaître l'historique de la mère et du père, leur état de santé, leur mode de vie, afin de déterminer les risques possibles. Pour la mère, c'est l'occasion de poser des questions et d'éliminer ses inquiétudes. Vous devez absolument choisir un médecin qui vous inspire confiance et à qui vous ne cacherez rien. Ces visites vous prépareront à bien vivre aux points de vue physique et psychologique votre grossesse et les mois qui suivront la naissance.

10 MILIEU DE TRAVAIL ET INFECTIONS. Si vous travaillez auprès d'enfants ou dans un milieu hospitalier, vous êtes davantage exposée aux infections, comme la rougeole ou les oreillons, contre lesquels vous n'êtes peut-être pas immunisée. Parlez-en à votre médecin. Mentionnez-lui également les produits chimiques auxquels vous êtes exposée professionnellement. De nombreuses substances ont des effets possibles sur le fœtus. Il pourra être nécessaire de vous faire transférer dans un autre service pendant votre grossesse ou d'envisager un retrait préventif, afin de ne pas nuire au développement du fœtus.

11 MÉDICAMENTS ET GROSSESSE. En cours de grossesse, plus qu'à aucun autre moment, la prudence est de mise avant de prendre un médicament. Parlez à votre médecin des médicaments que vous utilisez, que ce soit des crèmes, des aérosols, des analgésiques (comme l'aspirine) ou des remèdes contre la toux. Certains antibiotiques et stéroïdes ont des effets néfastes sur le fœtus. Si vous le pouvez, ne prenez aucun médicament, notamment pour un rhume ou un mal de tête léger. Ensuite, tous les produits qui provoquent une accoutumance ou une dépendance peuvent être dangereux pour l'enfant. En présence d'une pathologie, comme le diabète ou l'épilepsie, consultez votre médecin. Il sera peut-être nécessaire d'ajuster votre traitement. Enfin, évitez tout examen radiologique non nécessaire et prévenez le dentiste de votre grossesse dès votre première visite ; il adaptera ses soins en conséquence.

12 SUPPRIMEZ LE TABAC ET L'ALCOOL. La nicotine et l'oxyde de carbone contenus dans la cigarette et le tabac sont des toxines qui peuvent léser le placenta et diminuer la quantité d'oxygène qui parvient au bébé. Selon des études, une femme qui fume durant sa grossesse risque davantage de faire une fausse couche. Le bébé risque également de naître prématurément et d'être plus sensible aux infections. La consommation d'alcool peut aussi affecter le développement du fœtus et diminuer la quantité de nourriture qui se rend jusqu'au bébé. Une carence en vitamines, en sels minéraux et en calories peut s'avérer nocive pour le fœtus. Les effets adverses des autres drogues sur le développement fœtal sont plus ou moins bien connus. Il n'en demeure pas moins que leur usage est à proscrire pendant la grossesse, pour ne pas intoxiquer l'enfant. En tout état de cause, pour vous donner les meilleures chances ainsi qu'à votre enfant, vous devez restreindre sévèrement, ou même cesser complètement, votre consommation de tabac et d'alcool, sans parler des autres drogues.

CONSEILS GÉNÉRAUX

13 DE L'AIR PUR. Le fœtus a besoin d'oxygène pour bien se développer. La femme enceinte peut ressentir des difficultés respiratoires au cours du dernier trimestre de la grossesse. L'utérus, en grossissant, appuie directement sur le diaphragme et gêne la respiration. Pour ces raisons, Il faut aérer autant que possible les pièces de votre habitation, vous oxygéner à la campagne et, bien sûr, éviter la cigarette. Pour vos sorties, privilégiez les endroits calmes et aérés, qui ne vous donnent pas l'impression d'être enfermée. Pratiquez régulièrement une gymnastique respiratoire pour diminuer votre inconfort (voir page 100). Vous pouvez trouver du soulagement en adoptant une position assise sur une chaise droite et une bonne posture debout.

14 VOTRE VIE DE COUPLE. Tandis que vous vivez l'expérience de la grossesse, avec son bagage de joies et certaines inquiétudes, partagez ce que vous ressentez avec votre partenaire. Une belle complicité apporte des bénéfices à la mère et à l'enfant qu'elle porte. Vous pouvez conserver une vie sexuelle normale pendant cette période, tout en manifestant une certaine prudence dans les dernières semaines. Certaines positions vous paraîtront probablement plus confortables que d'autres. Il est sûr que la grossesse change les désirs et les pratiques sexuelles, qui n'impliqueront pas nécessairement le coït. Une bonne communication s'avère indispensable pour bien s'adapter à ces changements normaux, notamment au cours du dernier trimestre.

15 PARLEZ AUX AUTRES. Pour apaiser votre esprit et éviter d'imaginer des scénarios catastrophiques, parlez de vos problèmes et de vos craintes à quelqu'un. Ce peut être une amie, une infirmière ou votre médecin. Parler d'un événement le met à distance et nous permet de mieux le juger. Certains doutes sont également dissipés quand on obtient des explications adéquates. Le contact avec les autres peut s'avérer un soutien précieux pendant votre grossesse.

10 SEMAINES POUR AMÉLIORER VOTRE FORME
Intégrez progressivement les éléments suivants dans votre routine

	Semaines 1 et 2	Semaines 3 et 4	Semaines 5 et 6	Semaines 7 et 8	Semaines 9 et 10
Activité physique	Exercices à faire à la maison	10 min. de marche 3-5 fois / sem.	15 min. de marche 3-5 fois / sem.	15-20 min. d'aquaforme 3-5 fois / sem.	Essayez la gymnastique douce
Alimentation	Produits laitiers (3 à 4 portions par jour)	Légumes verts	Poissons gras	Légumineuses et œufs	Fruits
Relaxation	3 séances de 10 min.	3-5 séances de 10 min.	3-5 séances de 10 à 20 min.	3-5 séances de 10 à 20 min.	Essayez un massage adapté
Conseils généraux	Supprimez le tabac et l'alcool	Pensez à votre posture	Hydratez votre peau	Bon sommeil et repos	Soignez votre vie de couple

Reportez-vous aux rubriques concernées pour en connaître davantage sur les suggestions de ce tableau. Certaines précautions peuvent s'avérer nécessaires. N'oubliez pas de remplir le questionnaire Q-AAP (p. 11) avant d'entreprendre un programme d'activité physique.

Manquer de temps

Votre horaire est surchargé? Vous n'avez pas le temps de vous préparer de bons petits repas? Vous n'avez pas le temps de vous inscrire à un cours de conditionnement physique? Vous n'avez pas le temps de vous arrêter un seul instant pour souffler, car vous risqueriez de compromettre une activité importante? Vous n'avez même pas le temps de lire des conseils qui vous permettraient de retrouver la forme facilement?

Prenez quand même quelques minutes pour lire le programme de remise en forme que nous avons conçu pour vous. Vous serez d'abord surpris de découvrir qu'il vous reste des plages de temps inexploitées, et qu'elles peuvent être utilisées pour améliorer votre santé et votre bien-être. Visant à l'essentiel, et présentées dans un ordre pratique, nos recommandations s'articulent autour d'une stratégie de gestion du temps. Optimisez le temps que vous considériez naguère comme «perdu», c'est celui qui vous permettra de reprendre le dessus et qui vous apportera des plaisirs inattendus.

Dites-vous bien que les carences d'aujourd'hui peuvent hypothéquer votre santé et votre bien-être de demain. Retrouver la forme dès maintenant, même si vous n'avez que peu de temps pour le faire, sera rentable sur tous les plans, en vous aidant d'abord à passer à travers vos longues journées, et à donner le meilleur de vous-même, heure après heure. Être en forme vous permettra même de voir votre «temps» sous un angle différent, et vous n'aurez peut-être plus l'impression d'en manquer!

Votre programme
de remise en forme

Il est très important pour vous d'être dans une forme impec-
cable. Vous avez probablement de lourdes responsabilités,
d'importantes obligations, et devez tout mettre en œuvre
pour atteindre vos objectifs. Cela fait de vous un candidat
de choix pour le stress. Il existe bien sûr des moyens de contrer le stress, le meilleur étant de rester en bonne forme et
d'apprendre à se détendre. Vous trouverez, dans ce chapitre, des techniques pour parvenir à vous détendre sans avoir
à sacrifier une seule de vos tâches.

Vous prenez souvent vos repas à l'extérieur et ne contrôlez
pas les quantités de sucre et de gras qui se retrouvent dans
votre nourriture. Dans les restaurants, la plupart des plats
contiennent plus de calories qu'il n'en faut pour un repas.
Ajoutez à cela un manque d'activités physiques, conséquence d'un horaire plein à craquer, et vous risquez de souffrir d'un excès de poids ou d'obésité. Les kilos superflus
entraînent des problèmes de santé importants. Il faut que
vous mangiez bien et que vous soyez actif physiquement.
Nous vous donnerons des trucs pour y parvenir sans nécessairement modifier votre emploi du temps.

Gestion du temps

 Une enquête réalisée au Québec dévoilait qu'environ 40 % des Québécois et des Québécoises affirment «se sentir pressés par le temps tous les jours». Notre monde technologique, qui valorise la vitesse et l'efficacité, nous impose de lourdes contraintes. Notre rythme de vie s'est accéléré, nos tâches ont augmenté, nos obligations se sont multipliées, et nous devons constamment courir pour ne pas être submergés. Tout cela contribue au sentiment de manquer de temps ressenti par une certaine partie de la population. Vous savez que conjuguer travail, vie familiale, réunions sociales, activités physiques, loisirs, n'est pas de tout repos. Comment certains font-ils pour y arriver?

Appliquant plus ou moins consciemment certains principes et certains trucs, de nombreuses personnes arrivent à courir deux lièvres à la fois. Des experts ont essayé de dégager et de formuler ces principes, afin de les rendre accessibles au plus grand nombre. La «science» du *Time Management* était née! On parlera en français de *gestion du temps*. Elle repose plus sur l'observation de la vie que sur la connaissance de lois universelles. C'est pourquoi chacun doit ensuite adapter les principes de la gestion du temps à sa propre réalité. Voici les règles de base qu'il faut suivre pour parvenir à gérer efficacement votre temps:

❶ Planifier demande du temps, ne pas planifier en demande plus encore.

❷ Prévenir requiert moins d'énergie que résoudre ou guérir.

❸ On ne peut que gérer les interruptions ou les contretemps, on ne peut les empêcher.

❹ Utilisez votre temps pour ce qui est important.

5 Déterminez ce qui est important pour vous et prenez le temps de l'écrire.

6 À partir de là, dressez une liste des choses que vous souhaitez faire ou qui doivent être faites.

7 Révisez votre liste en vous demandant: «Est-ce réaliste? Est-ce que j'en fais trop?»

8 Établissez vos priorités. Séparez ce que vous devez vraiment faire de ce qui peut être remis, délégué ou éliminé.

9 Planifiez vos journées et vos occupations en fonction de votre liste de priorités.

10 Fixez-vous des objectifs spécifiques, mesurables, réalistes et approchables. Ils permettront de définir précisément les tâches à accomplir.

11 Vous ne pouvez pas ajouter d'heures dans la journée, seulement diminuer le nombre d'activités.

12 À la fin de chaque journée, planifiez votre emploi du temps pour la journée suivante.

13 Ne vous concentrez pas sur le moment où se terminera un travail, mais sur celui où il doit commencer. Commencez-le au moment approprié.

14 Gardez-vous chaque jour du temps personnel. Il vous permettra de voir clair. Prenez le temps de réfléchir paisiblement en marchant dans un parc.

15 Félicitez-vous quand vous atteignez vos objectifs. N'oubliez surtout pas d'avoir du plaisir.

ACTIVITÉ PHYSIQUE

Les exigences élevées de votre mode de vie, qui découlent du travail, de la famille, de l'école, impliquent que vous soyez en parfaite forme. Le corps et l'esprit ont des besoins propres en exercices, en nourriture, en repos et en détente. Le corps est fait pour bouger, l'exercice lui est vital. Courir dans tous les sens pour arriver à joindre les bouts, pour ne pas arriver en retard, n'est pas un exercice. C'est une source de stress qui affaiblit l'organisme. L'exercice, au contraire, fortifie le corps et l'entraîne à résister à la pression. Tout est une question de contexte. Le temps consacré à une activité physique doit lui être réservé en propre, si vous voulez en retirer tous les bénéfices. Vous rendre en vélo au travail est un exercice, à la condition que vous partiez suffisamment tôt pour arriver à l'heure. Faire une longue marche avant de prendre l'autobus est un exercice, si vous n'avez pas l'inquiétude de manquer un rendez-vous. Les occasions de bouger sont nombreuses, il faut juste prévoir du temps pour les saisir. Cela ne veut pas dire chambouler votre horaire, mais ajouter quelques minutes de-ci, de-là, pour retrouver la forme et réussir vos entreprises. Les suggestions que vous trouverez ici s'intègrent facilement dans une routine. Le programme de marche est simple à réaliser et donne des résultats remarquables. Enfin, vous devez être actif de façon régulière, sur une base hebdomadaire (idéalement presque tous les jours) et à longueur d'année, car les bienfaits de l'activité physique s'estompent rapidement si on la réduit ou qu'on la cesse...

Programme de marche en 10 semaines

La marche est un excellent exercice. Vous pouvez la pratiquer en vous rendant au travail et en revenant à la maison. Garez votre voiture plus loin de votre lieu de travail ou descendez de l'autobus quelques arrêts avant votre destination. Pour bien profiter de cet exercice, partez plus tôt afin de ne pas avoir l'impression de courir en vous rendant au travail. Le programme d'exercice qui suit se déroule sur 10 semaines et devrait améliorer votre forme physique de façon significative. Il faut savoir que les effets de l'exercice sont cumulatifs au cours d'une même journée. Quinze minutes de marche le matin et 15 minutes le soir apportent les mêmes bienfaits que 30 minutes consécutives. Vous devez travailler progressivement sur la durée de l'exercice et sur son intensité. À partir de la semaine 7, vous devez augmenter l'effort en montant une pente ou un escalier. Prévoyez une période de réchauffement (5 minutes de marche lente avant l'exercice) et une période de récupération (5 minutes de marche lente après l'exercice). Fractionnez ces deux périodes si vous fractionnez l'exercice. Le réchauffement est nécessaire pour ne pas froisser les muscles et la récupération permet à l'organisme de retrouver ses fonctions normales, ce qui vous évitera par exemple d'être étourdi à la fin de l'exercice.

Semaine	Fréquence	Durée	Intensité
1	5 fois	10 minutes	modérée
2	5 fois	15 minutes	modérée
3	5 fois	20 minutes	modérée
4	5 fois	20 minutes	modérée
5	5 fois	25 minutes	rapide
6	5 fois	25 minutes	rapide

7	5 fois	30 minutes (comprenant 5 minutes de pente ou d'escalier)	rapide
8	5 fois	30 minutes (comprenant 5 minutes de pente ou d'escalier)	rapide
9	5 fois	35 minutes (comprenant 5 minutes de pente ou d'escalier)	rapide
10	5 fois	35 minutes (comprenant 5 minutes de pente ou d'escalier)	rapide

Servez-vous... du téléviseur!

Que diriez-vous de faire de l'exercice dans votre salon? Le télé-viseur ne serait plus l'ennemi de votre santé mais un allié poten-tiel. Car les vidéos d'exercices font désormais partie de l'arsenal des moyens de mise en forme. Ils constituent un excellent choix pour les personnes pressées ou à l'horaire variable. Ces vidéos permettent aux utilisateurs de choisir le rythme et la fréquence des exercices, ce qui constitue un avantage indé-niable. Dans votre salon, vous choisissez aussi votre tenue ves-timentaire sans tenir compte du regard d'autrui.

Puisqu'il n'y a pas d'encadrement professionnel dans un pro-gramme d'exercices à la maison, le choix du bon vidéo s'avère indispensable. Pour connaître les produits disponibles sur le marché, louez-les d'abord à votre club vidéo. Vous pour-rez ainsi juger de la pertinence du programme d'exercices avant de les acheter. Soyez attentif aux séquences d'exer-cices qu'ils proposent, aux différents degrés d'intensité des exercices, aux étapes de réchauffement et de relaxation. Il faut que le contenu du programme vous convienne et vous permette d'améliorer votre forme physique. Sélectionnez des produits en fonction de vos objectifs, qu'ils soient d'amélio-rer votre endurance aérobique ou votre tonus musculaire. Les vidéos ne possèdent pas tous les mêmes caractéristiques. Vérifiez s'ils offrent ce que vous recherchez. Au besoin, demandez l'avis d'un expert dans un centre sportif.

Il vaut mieux faire plusieurs séances de 10 à 20 minutes dans la semaine plutôt qu'une seule séance de 1 heure 30. Mettez à profit ces moments où vous ne savez plus quoi faire et regardez la télévision pour tromper votre ennui. Utilisez le téléviseur pour vous remettre en forme! Avez-vous pensé au vélo stationnaire ou à un exerciseur? Vous pouvez pédaler ou marcher en regardant les nouvelles, ce qui vous mettra aussi en appétit pour le souper. Vous saurez ce qui se passe dans le monde et retrouverez la forme!

N'oubliez pas que l'exercice à l'intérieur ne remplace pas complètement les activités de plein air, car ces dernières vous aident à faire le plein d'oxygène. Pour compléter votre programme d'exercices «maison», rendez-vous au club vidéo à pied, allez chercher le journal au dépanneur, faites votre épicerie à pied ou des promenades dans un parc la fin de semaine.

NUTRITION

ALIMENTATION

Il faut admettre que bien manger demande plus de temps que manger n'importe quoi sur le pouce. Est-ce pour autant du temps perdu? Absolument pas! Les bénéfices pour la santé et le plaisir de manger n'en seront que plus grands. Le secret réside dans l'art de s'organiser qui permet d'économiser de précieuses minutes. Si vous prévoyez vos menus pour la semaine, par exemple, il vous sera facile de préparer les ingrédients pour plusieurs recettes en même temps. N'oubliez pas qu'à long terme une alimentation déséquilibrée est nuisible pour la santé. Les risques de surcharge pondérale augmentent, et vous pourriez souffrir de carences en vitamines et en minéraux. Les conséquences d'une mauvaise alimentation apparaissent souvent plus tard, dans des diagnostics de diabète ou d'ostéoporose, par exemple. Bien manger vous rapporte gros, en ce qui a trait au plaisir et à la prévention des problèmes de santé.

La composition des repas

Voici quelques suggestions pour prendre des aliments sains à chaque repas. Il importe de rechercher la variété et l'équilibre dans votre alimentation quotidienne (voir page 135).

BIEN DÉMARRER LA JOURNÉE. Le petit déjeuner est essentiel pour faire le plein d'énergie et se mettre en train pour la journée. Il devrait être assez copieux (ne pas se contenter d'une tasse de café). Privilégiez les céréales de grains entiers, les fruits, le lait ou le yogourt. Vous pouvez prendre, par exemple, des rôties de pain complet, un yogourt, des fraises, des bananes, etc.

RECHARGEZ VOS BATTERIES. Le repas du midi vous donne l'occasion de vous changer les idées et de refaire vos forces. Les hydrates de carbone, les protéines, les vitamines et les sels minéraux sont à rechercher dans les salades, les légumes, les pommes de terre, le riz, les pâtes, auxquels vous ajouterez un peu de viande maigre, de la volaille, du poisson ou des œufs. Il vaut mieux éviter les sauces épaisses, les fritures et l'alcool qui sont très caloriques, difficiles à digérer, et peuvent entraîner une certaine fatigue de l'esprit.

LES PAUSES. Elles permettent de contrer les baisses de régime en donnant un bref répit au corps et à l'esprit. Profitez-en pour manger un fruit, un yogourt, une barre aux céréales ou boire un verre de lait. De cette façon, vous ne serez jamais à court de forces ou d'idées.

UN MOMENT DE DÉTENTE. Le repas du soir est une belle occasion pour vous détendre en famille ou en agréable compagnie. Il devra permettre à l'organisme de se régénérer tout en étant facilement digestible, afin de ne pas nuire au sommeil. Une salade fraîche ou des crudités en entrée calmeront votre appétit et limiteront les quantités d'aliments ingérés.

Un petit café?

 C'est bien connu, les gens débordés comptent beaucoup sur le café pour démarrer la journée et garder l'esprit alerte tout au long de celle-ci. Une surdose de café peut causer des effets secondaires désagréables, comme les tremblements et l'anxiété. Les spécialistes recommandent de se limiter à quatre consommations de boissons contenant de la caféine par jour. Les chercheurs ont découvert que le café contient de l'acide chlorogénique, de l'acide gallique et du cafestol, des substances qui permettent de lutter contre la formation de cancer. Une étude néerlandaise a montré récemment que la consommation de café protégerait contre l'apparition du diabète de type 2 (le diabète qui touche les personnes souffrant d'un excès de poids). Cette protection serait due à l'acide chlorogénique, qui participe aussi au goût du café, et au magnésium. L'acide chlorogénique diminuerait l'absorption de glucose dans le foie et le magnésium augmenterait la sensibilité à l'insuline, qui prévient habituellement les excès de sucre dans le sang. Si cette étude portait sur les grands consommateurs de café, ceux qui boivent sept tasses ou plus par jour, ses résultats n'en demeurent pas moins encourageants pour les gens qui consomment du café régulièrement mais modérément. Ces avenues restent à explorer. De bonnes nouvelles, tout de même, pour les amateurs de café. Ne vous privez pas de ce petit plaisir, mais évitez d'en abuser!

Dîners d'affaires

Dans le cadre de votre travail, de votre vie sociale, les occasions de manger au restaurant sont peut-être nombreuses. L'ambiance et les menus vous incitent pourtant à manger de grandes quantités de plats souvent trop riches. Des problèmes d'excès de poids peuvent alors survenir. Pour garder la forme, certaines précautions s'imposent. Ce qui ne vous empêchera pas de faire un bon repas, d'atteindre vos objectifs et d'avoir du plaisir.

Vous pouvez remplacer les potages à la crème et les entrées riches par des jus de légumes ou de fruits. Pour la salade, choisissez une vinaigrette légère et évitez les mayonnaises. La plupart des restaurants offrent un menu léger. Sinon, renoncez aux mets panés, aux fritures et ne mangez pas trop de viande rouge. Les sauces, très caloriques, sont à éviter. Pour le dessert, ne succombez pas aux charmes des pâtisseries et des crèmes glacées, optez plutôt pour des fruits frais ou une salade de fruits. Prenez suffisamment d'eau pendant le repas et limitez-vous à un verre de vin, et seulement si vous devez trinquer. Bannissez l'apéritif, la bière ou les alcools forts. Changez d'endroit, certains restaurants sont plus sensibilisés que d'autres à l'importance d'une alimentation saine et variée. Retenez ces adresses et vous pourrez limiter les erreurs nutritionnelles et les apports en calories.

Cinq menus santé express

 Vous pouvez vous préparer de bons petits plats en un rien de temps. Il suffit parfois de laisser libre cours à son imagination. Privilégiez les aliments simples et goûteux, qui n'auront pas subi de grandes transformations. La qualité et la pureté des ingrédients sont souvent le gage d'une cuisine réussie et de bénéfices pour votre santé.

PIZZA SANDWICH AU CHÈVRE • • • Préparez des tranches d'aubergines, de courgettes, de poivrons vert et rouge, et de champignons. Badigeonnez-les d'huile d'olive et cuisez-les sous le gril. Déposez sur des tranches de pain complet (de préférence une miche bien croûtée) garnies de fromage de chèvre. Arrosez d'un filet de vinaigre balsamique et réchauffez 5 minutes au four à 175 °C (350 °F).

«WRAP» À LA DINDE • • • Séparez un pain pita au blé entier en deux, de façon à pouvoir rouler chaque moitié. Garnissez les pains pita de poitrine de dinde, de laitue et de tomates. Ajoutez un mélange de salsa et de mayonnaise légère. Roulez et dégustez.

QUESADILLA AU POULET • • • Déposez sur une tortilla des lanières de poitrine de poulet grillé ou bouilli, des tomates en dés et du fromage monterey jack (de préférence réduit en matières grasses). Saupoudrez de coriandre fraîche hachée et pliez en deux. Faites cuire au four jusqu'à ce que le fromage soit fondu. Servez avec de la salsa ou de la crème sure.

SALADE NIÇOISE • • • Préparez un lit de laitue (coupée en lanières) dans une assiette. Garnissez de morceaux de tomates, de pommes de terre en cubes, de thon en conserve et de haricots verts légèrement cuits. Si vous le désirez, couronnez le tout d'une moitié d'œuf dur et de quelques anchois. Ajoutez un filet d'huile d'olive et de vinaigre balsamique, ainsi qu'un trait de citron.

LINGUINE AUX LÉGUMES • • • Faites sauter dans une poêle un mélange d'oignons hachés, de morceaux de poivrons, de courgettes et de tomates. Après quelques minutes, quand les légumes commencent à ramollir, ajoutez de la sauce tomate, ainsi que des lanières de basilic frais ou du romarin frais haché. Laissez cuire quelques minutes encore. Nappez de cette préparation vos linguine cuites selon les indications du fabricant et saupoudrez de parmesan râpé.

RELAXATION

Ne négligez jamais la détente, même si vous êtes pressé. Les techniques que nous vous présentons sont simples et rapides, et peuvent être utilisées dans des situations stressantes ou pendant des périodes d'attente, de façon à utiliser ce fameux temps perdu. Les bénéfices de la relaxation pour la forme sont indéniables. La relaxation apaise le corps et l'esprit, procure du bien-être et améliore la santé en général.

Une bonne respiration

Il peut sembler étrange d'avoir à se concentrer sur sa respiration. C'est le réflexe le plus naturel qui soit. Pourtant, lorsque vous êtes tendu, préoccupé, débordé, la respiration est entravée ou devient saccadée. Le corps reçoit moins d'oxygène et s'en ressent. Une respiration profonde, qui se rend jusqu'au ventre, augmente l'apport d'oxygène, ce qui a pour effet de réduire les tensions et de garder l'esprit alerte. Pour retrouver la forme, il est indispensable d'apprendre à respirer de nouveau. Lorsque vous serez habitué à cette méthode, pratiquez-la aussi souvent que possible, peu importe l'heure ou l'endroit, pourvu que vous ayez quelques instants devant vous: pendant la pause du matin, dans un ascenseur ou même dans un embouteillage! Quelques inspirations profondes suffiront alors à vous ragaillardir! **(Pour la technique de RESPIRATION PROFONDE, voir page 100).**

Exercices de la nuque

Lorsque vous êtes pressé et surexcité, une tension importante s'accumule dans le cou et la mâchoire. Vous avez l'impression d'avoir la nuque raide et les dents serrées. Prenez une minute pour vous détendre et relâcher les muscles de cette région. Votre cerveau n'en sera que mieux irrigué en sang et vous aurez les idées plus claires. Bien souvent, les tensions psychologiques s'en iront du même coup. Si vous avez déjà subi des blessures au dos, au cou ou à la mâchoire, consultez votre médecin avant de faire ces exercices. Vous pouvez aussi les faire pour vous détendre pendant une pause, à l'arrêt d'autobus ou dans votre voiture lorsque vous attendez que les enfants sortent de l'école.

❶ Prenez quelques minutes pour bouger votre tête doucement et lentement. Il est très important de ne pas brusquer ses mouvements.

❷ Balancez-la d'abord de l'arrière à l'avant (un «oui» très lent). Si la situation le permet, vous pouvez fermer les yeux pour ajouter à la détente.

❸ Déplacez ensuite le menton de gauche à droite (un «non» très lent).

❹ Faites ensuite quelques cercles complets avec la tête, sans trop vous étirer vers l'arrière. Il faut, à tout moment, que la position de la tête soit confortable. Faites quelques rotations dans un sens, puis dans l'autre.

❺ Finalement, restez immobile quelques secondes et respirez profondément.

RELAXATION

La relaxation rapide

Cette technique combine les principes de base de la **respiration profonde** (page 100), de la **relaxation musculaire** (page 29) et du **training autogène** (page 80). Il importe, pour tirer les profits de cette technique, de la pratiquer souvent à la maison, notamment pendant les périodes non stressantes. Quand vous vivrez une situation stressante ou angoissante, isolez-vous deux minutes pour retrouver un certain état de paix intérieure grâce à la relaxation rapide, ce qui vous permettra de mobiliser vos forces pour donner le meilleur de vous-même.

❶ Inspirez profondément et expirez lentement.

❷ Donnez-vous la consigne «calme» au moment de l'expiration.

❸ Essayez de détendre tous vos muscles en répétant la consigne.

❹ Prenez de 5 à 10 respirations.

❺ Répétez cet exercice souvent. Lorsqu'il sera devenu un automatisme, il vous permettra d'obtenir un effet immédiat d'apaisement, après 5 respirations seulement. Utilisez la relaxation rapide pour chasser vos tensions dans les situations stressantes.

Soyez bien dans votre bain!

Mettez à profit vos activités récurrentes pour parvenir à vous détendre. Quand viendra l'heure de votre toilette, prenez un bain plutôt qu'une douche. L'eau devra être chaude sans être brûlante. Cela vous permettra de détendre vos muscles. Vous trouverez en pharmacie ou dans certains centres de santé des produits à ajouter au bain pour reconstituer une eau de mer. Une cure marine est considérée comme un véritable «bain de jouvence». Le **bain marin** aurait la propriété de purifier et de régénérer l'organisme. Il aiderait, en outre, à lutter contre la fatigue et le surmenage. L'eau de mer est un milieu complexe qui contient tous les éléments nécessaires à la vie: oxygène, azote, gaz carbonique. On y trouve une multitude d'oligoéléments: cuivre, fer, zinc, or, argent, manganèse, cobalt, etc. L'été prochain, prenez vos vacances au bord de la mer et profitez des bienfaits du climat marin.

Automassage

 Votre emploi du temps est trop serré pour vous permettre d'aller voir un masseur professionnel? Il n'y a personne dans la famille qui peut vous pétrir un peu? Qu'à cela ne tienne, vous pouvez goûter aux bienfaits du massage sans recevoir l'aide de personne! Il est temps d'appliquer le proverbe *On n'est jamais si bien servi que par soi-même*, pour parvenir à vous détendre un peu. Les techniques de base d'automassage présentées ici se pratiquent à la maison, au chaud, pendant un moment tranquille. Vous pouvez commencer la séance debout ou assis. Réchauffez vos mains en les frottant et en les secouant. Prenez quelques inspirations profondes pour détendre un peu vos muscles.

❶ **FRONT.** Placez vos deux mains sur le front, les doigts se rejoignant au centre. Glissez les mains vers les tempes en appuyant légèrement du bout des doigts. Recommencez plusieurs fois cette manœuvre.

❷ **TEMPES.** Massez la région des tempes en effectuant de petits cercles du bout des doigts, dans le sens des aiguilles d'une montre. Faites plusieurs cercles en appuyant légèrement. Vous ne devez ressentir aucune douleur. Sinon, diminuez la pression.

❸ **ÉPAULES.** Servez-vous de la main droite pour atteindre l'épaule gauche. Pétrissez les muscles du cou et le dessus des épaules en les saisissant à pleines mains.

RELAXATION

Procédez lentement, en prenant de grandes respirations. Faites quelques manœuvres, puis recommencez de l'autre côté.

❹ **BRAS.** À l'aide du poing droit, légèrement fermé, tapotez le bras gauche sur toute sa longueur en gardant le poignet souple. Recommencez de l'autre côté.

❺ **BAS DU DOS.** Pour cette manœuvre, vous devez être debout ou vous placer sur les genoux. Tapotez le bas du dos avec vos deux poings en conservant les poignets souples.

❻ **JAMBES.** Asseyez-vous. Frappez légèrement la jambe droite à l'aide de vos poings, en gardant les poignets souples. Recommencez de l'autre côté.

❼ **PIEDS.** Toujours assis, terminez votre séance par un massage de la plante du pied droit en appuyant avec les pouces. Recommencez de l'autre côté. Prenez quelques inspirations profondes avant de vous relever.

Sombrez dans les bras de Morphée

Au moment d'aller vous coucher, réservez-vous cinq minutes pour relaxer. Adoptez la position *shavasana*, c'est-à-dire couché sur le dos, les bras légèrement écartés du corps, paumes vers le ciel. Faites quelques exercices de **RESPIRATION PROFONDE,** de **RELAXATION MUSCULAIRE,** de **TRAINING AUTOGÈNE** ou de **MÉDITATION.** Vous devez évacuer les tensions de la journée et faire le vide dans votre esprit. L'endormissement est plus rapide lorsqu'on est détendu. Et le sommeil est de meilleure qualité. Vous vous lèverez frais et dispos, prêt à performer toute la journée.

VINGT TRUCS POUR GAGNER DU TEMPS

Des suggestions d'ordre pratique pour vous éviter des pas et économiser des minutes précieuses.

1 À la fin de la journée, planifiez la journée suivante. Prenez du temps, vers la fin de la semaine, pour planifier la semaine suivante.

2 Au moment de dépouiller votre courrier, apportez le bac à recyclage. Jetez tout ce qui est inutile. Cela évitera la formation de piles un peu partout et l'accumulation de paperasse.

3 Ne soyez pas esclave de la technologie. Un cellulaire est-il indispensable? Un télécopieur à la maison est-il vraiment nécessaire? Pouvez-vous vivre sans ordinateur et courrier électronique? Économisez de l'argent et diminuez les chances d'être dérangé à tout moment.

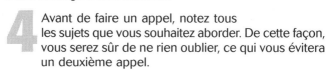

4 Avant de faire un appel, notez tous les sujets que vous souhaitez aborder. De cette façon, vous serez sûr de ne rien oublier, ce qui vous évitera un deuxième appel.

5 De la même façon, laissez des messages détaillés dans la boîte vocale des interlocuteurs absents. Ils connaîtront exactement la nature de votre appel et pourront vous donner les bonnes réponses. Même s'ils les laissent, à leur tour, dans votre boîte vocale!

6 Installez un support à clés au mur près de la porte d'entrée. Les membres de votre famille ne perdront plus de temps à chercher leurs clés.

CONSEILS GÉNÉRAUX

7 Évitez le branle-bas du matin. Mettez la table la veille et sortez les aliments non périssables, tels les céréales et les fruits. Le lendemain, chacun pourra déjeuner rapidement.

8 Pendant la fin de semaine, décidez du menu des soupers de la semaine. Faites l'épicerie en conséquence. Vous saurez quoi manger chaque soir et n'aurez plus besoin d'arrêter partout en revenant du travail.

9 Gardez sur le frigo un tableau où vous pourrez inscrire les aliments qui vous manquent au fur et à mesure. Votre liste d'épicerie sera toujours prête au moment de faire les courses.

10 Prenez quelques minutes pour planifier vos déplacements lorsque viendra l'heure de faire vos courses. Déterminez les endroits où vous devrez arrêter: épicerie, boulangerie, pharmacie, société des alcools, etc. Anticipez alors votre itinéraire, cela vous permettra d'économiser du temps et des pas.

11 En revenant du supermarché, préparez et coupez les légumes que vous conserverez dans des sacs de plastique. Cela facilitera la préparation des lunchs et de collations santé.

12 Achetez quelques bouteilles de vin à l'avance. Vous n'aurez pas besoin de faire la file au magasin si vous recevez une invitation surprise. De même, vous ne serez jamais pris de court s'il arrive de la visite imprévue.

13 Créez des dossiers pour tout ce qui vous intéresse: recettes, décoration, mode, gadgets, etc. Dans les magazines et les journaux, découpez tout ce qui vous accroche et vous séduit. Ces coupures seront bien rangées dans ces dossiers, que vous ressortirez avant d'aller magasiner. Vous n'aurez plus jamais l'impression de manquer d'idées!

14 Cessez de perdre du temps pour gagner de l'argent. À l'inverse, investissez de l'argent pour gagner du temps. Ne traversez pas toute la ville pour économiser quelques sous sur vos achats. Cela ne vaut par le temps que vous y perdrez. Engagez quelqu'un pour les tâches domestiques ingrates.

15 Pour acheter des cadeaux qui font plaisir, soyez attentif aux messages lancés par votre entourage. Ce peut être la conjointe ou le conjoint qui regarde un objet avec convoitise, les enfants qui demandent un jouet précis ou un ami qui se plaint de n'avoir pas tel ou tel gadget. Notez toutes ces suggestions plus ou moins explicites. Quand viendra le temps de faire vos achats, cette liste vous sera particulièrement utile et vous permettra de faire des heureux!

16 Faites une ample provision de cartes de souhaits et de papiers d'emballage. Vous en aurez toujours sous la main et serez paré pour toutes les occasions. Prenez de l'avance quand vous voyez un cadeau qui vous plaît. Cela vous évitera la pression de dernière minute.

17 Gardez des pièces de monnaie dans votre voiture. Cela sera utile à un poste de péage ou pour remplir un parcomètre. Vous n'aurez pas besoin de courir pour trouver de la monnaie!

18 Si vous n'avez pas le temps de vous rendre au centre sportif, équipez-vous de matériel d'exercices et de vidéos pour vous entraîner dans votre salon.

19 Diminuez le temps passé devant le téléviseur. Enregistrez les émissions que vous souhaitez regarder. Gardez-vous un soir pour regarder tous les téléromans en sautant les pauses publicitaires. C'est plus rapide et vous économiserez les sous d'une location de film!

20 Annulez les abonnements aux magazines que vous ne trouvez jamais le temps de lire. Ne lisez qu'un seul quotidien dans votre journée. Votre préféré, bien sûr!

CONSEILS GÉNÉRAUX

Manquer de temps

10 SEMAINES POUR AMÉLIORER VOTRE FORME
Intégrez progressivement les éléments suivants dans votre routine

	Semaines 1 et 2	Semaines 3 et 4	Semaines 5 et 6	Semaines 7 et 8	Semaines 9 et 10
Activité physique	10 min. de marche 3-5 fois / sem.	15 min. de marche 3-5 fois / sem.	20 min. de marche 3-5 fois / sem.	25-30 min. de marche 3-5 fois / sem.	Exercices à la maison
Alimentation	Un bon petit déjeuner	Le repas du midi	Les pauses	Habitudes pour les dîners d'affaires	Menus santé
Relaxation	3 séances de 5 min.	3 séances de 5 min.	3-5 séances de 5 min.	3-5 séances de 5-10 min.	3-5 séances de 10 à 20 min.
Conseils généraux	Établissez vos priorités	Planifiez la journée suivante	Mettez un peu d'ordre	Ne soyez pas esclave de la technologie	Gardez-vous chaque jour du temps personnel

Reportez-vous aux rubriques concernées pour en connaître davantage sur les suggestions de ce tableau. Certaines précautions peuvent s'avérer nécessaires. N'oubliez pas de remplir le questionnaire Q-AAP (p. 11) avant d'entreprendre un programme d'activité physique.

Annexes

L'alimentation de type méditerranéen

L'intérêt suscité par l'alimentation méditerranéenne remonte à la fin de la Deuxième Guerre mondiale. Des scientifiques remarquèrent que les habitants de la Crète, malgré une grande pauvreté, étaient en meilleure santé que les Américains ou les Britanniques. Ils attribuèrent ce résultat à l'alimentation crétoise. Ensuite, l'Organisation mondiale de la santé a démontré que les populations du bassin méditerranéen étaient moins sujettes que beaucoup d'autres aux maladies cardiovasculaires, à l'obésité, au diabète, au cancer et à l'ostéoporose. Selon le Dr François Melançon, «les gens qui suivent les préceptes de la diète méditerranéenne vivent plus longtemps et souffrent beaucoup moins de maladies dégénératives» et «après un infarctus du myocarde, consommer une diète de type méditerranéen réduit énormément le risque d'un nouvel infarctus et de mort subite».

L'alimentation des populations du pourtour méditerranéen n'est pas identique dans chaque pays. Mais l'on trouve certaines constantes dans leur alimentation traditionnelle. L'alimentation de type méditerranéen est riche en fruits et légumes, en légumineuses et en céréales de grains entiers. Ses sources de protéines sont les poissons (les poissons gras surtout), la volaille et les viandes maigres. Elle contient des produits laitiers à faible teneur en gras. Le tableau suivant vous indique la fréquence à laquelle vous pouvez consommer certaines catégories d'aliments en suivant les règles de l'alimentation méditerranéenne:

Tous les jours:

* Pain (de préférence complet), pâtes et riz, pommes de terre
* Légumineuses: lentilles, pois chiches, haricots secs, etc.
* Légumes crus: carottes, choux, oignons, tomates, salades, etc.
* Légumes verts: brocolis, poivrons verts, courgettes, épinards, etc.
* Fruits: pommes, oranges, citrons, kiwis, etc.
* Fromage
* Yogourt et kéfir (de préférence nature)
* Huile d'olive première pression, huile de noix
* Condiments: ail, basilic, persil, etc.
* Un à deux verres de vin rouge

Toutes les semaines:

* Volailles
* Poissons gras: saumon, maquereau, hareng, thon, sardines, etc.
* Œufs
* Noix nature
* Chocolat (70 % de cacao minimum)

Rarement:

* Viandes rouges
* Charcuteries grasses
* Pâtisseries, biscuits, viennoiseries
* Beurre (10 g /jour)

Le guide alimentaire canadien

Ce guide, que vous pouvez consulter sur Internet ou commander gratuitement, donne des conseils sur le choix des aliments. Il est révisé régulièrement afin de tenir compte des recherches les plus récentes dans le domaine de la nutrition. Il divise les aliments en **quatre groupes.** Vous devez manger des aliments de ces quatre groupes afin d'obtenir tous les nutriments dont votre corps a besoin pour demeurer en santé. Il est important aussi de choisir des aliments différents à l'intérieur des quatre groupes pour obtenir un complet apport de nutriments. Le guide suggère également un nombre de portions quotidiennes pour chacun des groupes d'aliments. Le nombre de portions dépend d'un certain nombre de facteurs, dont l'âge, la taille, le sexe et le degré d'activité physique. La plupart des gens prendront le nombre moyen de portions. En général, le guide alimentaire recommande de choisir des aliments moins gras et de manger chaque jour une variété d'aliments dans chacun des groupes. Les aliments et boissons qui ne font pas partie des quatre groupes, comme le café, le vin ou le sel, doivent être consommés avec modération.

Référez-vous au tableau sur la page suivante.

Annexes

Les quatre groupes d'aliments

 ❶ PRODUITS CÉRÉALIERS: 5 À 12 POR-TIONS PAR JOUR. Le guide recommande de choisir des produits de grains entiers ou enrichis. Les produits de grains entiers sont plus riches en amidon et en fibres. On a ajouté certains minéraux et vitamines, perdus lors de la transformation, aux produits céréaliers enrichis. Une portion équivaut à 1 tranche de pain, 30 g de céréales prêtes à servir, 125 ml (1/2 tasse) de riz ou de pâtes alimentaires. Mangez des pains multigrains, bagels, pâtes alimentaires enrichies, riz brun, céréales de son prêtes à servir, gruau, etc.

❷ LÉGUMES ET FRUITS: 5 À 10 PORTIONS PAR JOUR. Le guide recommande de choisir plus souvent des légumes vert foncé ou orange, de même que des fruits orange. Ces produits contiennent davantage de vitamine A et de folacine. Une portion équivaut à un fruit ou à un légume de taille moyenne, à 125 ml (1/2 tasse) de fruits ou de légumes frais, surgelés ou en conserve, à 125 ml (1/2 tasse) de jus, à 250 ml (1 tasse) de salade. Consommez des salades, brocolis, épinards, courges, patates douces, carottes, cantaloups, jus d'orange, etc.

❸ PRODUITS LAITIERS: 2 À 4 PORTIONS PAR JOUR. (Enfants de 4 à 9 ans: 2 à 3 portions par jour; jeunes de 10 à 16 ans: 3 à 4 portions par jour; femmes enceintes ou allaitant: 3 à 4 portions par jour; adultes: 2 à 4 portions par jour). Le guide recommande de choisir des produits laitiers moins gras. Ces produits contiennent des protéines de haute qualité et du calcium, mais sont moins riches en gras et en calories. Une portion équivaut à 250 ml (1 tasse) de lait, à 50 grammes de fromages, à 175 g (3/4 tasse) de yogourt. Consommez du lait, du yogourt ou du fromage (recherchez les produits moins gras).

❹ VIANDES ET SUBSTITUTS: 2 À 3 PORTIONS PAR JOUR. Le guide recommande de choisir des viandes, volailles et poissons plus maigres, de même que des légumineuses. Vous limitez ainsi l'apport en graisses sans vous priver de nutriments importants. De la même façon, évitez la friture comme mode de cuisson. Une portion est l'équivalent de 50 à 100 g de viandes, volailles ou poisson, de 50 à 100 g de poisson en conserve, de 125 à 250 ml (1/2 à 1 tasse) de haricots, de 100 g (1/3 tasse) de tofu. Mangez des viandes, volailles, poissons et fruits de mers (de préférence maigres). Vous pouvez aussi choisir les fèves au lard, la soupe aux pois, les lentilles, les pois chiches, etc. Ces derniers produits augmentent également votre consommation d'amidon et de fibres alimentaires.

Site Internet:
**http://www.hc-sc.gc.ca/hppb/
la-nutrition/pubf/guidalim/**

Le guide d'activité physique canadien

Ce guide que l'on peut consulter sur Internet a été conçu pour vous aider à prendre de bonnes décisions en matière d'activité physique. L'exercice vous permet d'avoir une meilleure santé, de prévenir certaines maladies et, enfin, de profiter pleinement de la vie. Le guide recommande d'être actif tous les jours. Plusieurs séances de dix minutes vous permettront d'atteindre vos objectifs quotidiens. Commencez lentement vos activités et augmentez progressivement le rythme. Toutes les activités physiques, si légères qu'elles soient, sont bonnes pour vous. Plus vous en ferez, mieux vous vous porterez. Pour demeurer en santé, les spécialistes recommandent de pratiquer des activités physiques d'**ENDURANCE**, d'**ASSOUPLISSEMENT** et de **FORCE**. Choisissez des activités qui vous plaisent et qui s'intègrent au programme de votre vie quotidienne.

Recommandations

 ❶ LES ACTIVITÉS D'ENDURANCE: 4 À 7 JOURS PAR SEMAINE. Elles sont bonnes pour votre cœur, votre système cardiovasculaire et vos poumons. Elles rendent plus énergique. Commencez par des activités d'intensité légère. Augmentez la fréquence et l'intensité des activités à votre rythme. Portez des chaussures et des vêtements confortables, qui conviennent à l'activité et aux conditions climatiques. Portez également tous les équipements de protection requis. Pratiquez l'une des activités d'endurance suivantes: marche, golf (sans voiturette), jardinage, bicyclette, patin, natation, tennis, danse, etc.

❷ LES ACTIVITÉS D'ASSOUPLISSEMENT: 4 À 7 JOURS PAR SEMAINE. Elles augmentent l'amplitude des mouvements autour des articulations et contribuent à détendre les muscles. La pratique régulière d'activités d'assouplissement peut vous aider à vivre et à demeurer en forme plus longtemps. Vous garderez également une plus grande autonomie, ce qui contribuera grandement à votre qualité de vie. Faites vos exercices d'assouplissement après une activité d'endurance ou une activité musculaire ou marchez un peu. Procédez doucement et lentement, sans faire de mouvements brusques. Évitez les mouvements douloureux et respirez normalement. Étirements, flexions et extensions allongent et détendent chacun de vos groupes musculaires. Certaines activités favorisent l'amélioration et le maintien de la souplesse: jardinage, travaux extérieurs, travaux d'entretien ménager, étirement, golf, quilles, yoga, danse, curling, etc.

❸ LES ACTIVITÉS DE DÉVELOPPEMENT DE LA FORCE: 2 À 4 JOURS PAR SEMAINE. Ces activités améliorent votre force et votre posture. Elles renforcent également vos os et aident à prévenir l'ostéoporose. Cherchez à affermir l'ensemble de vos muscles en faisant travailler les bras, le tronc et les jambes. Recherchez en outre l'équilibre entre les parties supérieure et inférieure, les côtés gauche et droit, les faces antérieure et postérieure des membres. Respirez régulièrement pendant l'exercice. Laissez passer au moins une journée entre les séances de musculation. Au besoin, consultez un professionnel de l'activité physique. Voici quelques activités qui vous aideront à développer votre force: scier et empiler du bois, ramasser et transporter les feuilles mortes, transporter les sacs d'épicerie, monter des escaliers, faire des redressements assis, des pompes, de la musculation à l'aide d'appareils ou de poids, etc.

Site Internet:
http://www.hc-sc.gc.ca/hppb/guideap/

Index

Index